Hallo, liebe Sprachdetekti

Ich bin Polly.
Gemeinsam untersuchen wir alles, was in der deutschen Sprache wichtig ist. Ich helfe dir dabei mit meinen Tipps.

Die blauen **Merkkästen** erklären dir, um was es geht.

Beispiele helfen dir, es genau zu verstehen, damit du die Übungen dazu ganz leicht lösen kannst.

Das Thema steht immer im blauen Kasten ganz oben.
Nach jedem Kapitel kannst in einem kurzen Test zeigen, was du schon kannst. Wenn du sogar die Königsaufgaben mit der schaffst, bist du in der Spitzenklasse!

Alle Lösungen zum Herausnehmen findest du in der Heftmitte. Überprüfe selbst, ob alles stimmt.

Auf den Seiten 76 und 77 stehen die wichtigsten Begriffe zusammengefasst.

Los geht's!

Eure Polly

Nomen (Namenwörter)

Menschen, **Tiere**, **Pflanzen** und **Dinge** haben einen Namen. Du kannst sie sehen und anfassen. Diese Wörter heißen **konkrete Nomen (Namenwörter)**.

1 Ordne die Nomen passend in die Tabelle ein.

Maus, Heft, Baum, Kind, Auto, Fisch, Feder, Mutter, Blume, Sofa, Hase, Koch, Busch, Vater, Rose, Spatz, Fenster, Bruder, Löwe, Palme

person | Animal | Plant | Thing

Menschen	Tiere	Pflanzen	Dinge
Kind	**Maus**	**Baum**	**Heft**
Mutter	Fisch	Blume	Auto
Koch	Löwe	Busch	Sofa
Bruder	Sptaz	Rose	Fenster
Vater	Hase	Palme	Feder

Es gibt auch Nomen (Namenwörter) für etwas, das man **nicht** sehen und anfassen kann, z. B. Gefühle oder Gedanken. Diese Nomen heißen **abstrakte Nomen**.

Liebe, Idee, Urlaub, Mittag

2 Kreise alle **abstrakten Nomen** ein.

Mit großer Freude denke ich im Advent an Weihnachten, Silvester und die Ferien im Winter.

3 Unterstreiche konkrete Nomen rot, abstrakte grün.

Freude	Tasche	Garten	Katze	Traum
Brot	Montag	Woche	Ausflug	Bäcker
Mut	Telefon	Ameise	Brief	Erfolg
Fleiß	Schmerz	Trompete	Spaß	Angst
Kuchen	Pech	Vertrauen	Abenteuer	Flugzeug

Das ist wichtig!

Alle Nomen (Namenwörter) ...

- haben einen Artikel (Begleiter):

  bestimmte Artikel: **der** Ball, **die** Wut, **das** Fest
  unbestimmte Artikel: **ein** Ball, **eine** Wut, **ein** Fest

- haben meistens eine Einzahl und eine Mehrzahl:

  der **Ball** – die **Bälle**, aber: die Wut → nur Einzahl!

- können mit einem Adjektiv (Wiewort) beschrieben werden:

  der **bunte** Ball, die **große** Wut, das **tolle** Fest (siehe Seite 13)

4 Male die Wörter je nach ihrem Artikel (Begleiter) an.

der: blau
die: rot
das: grün

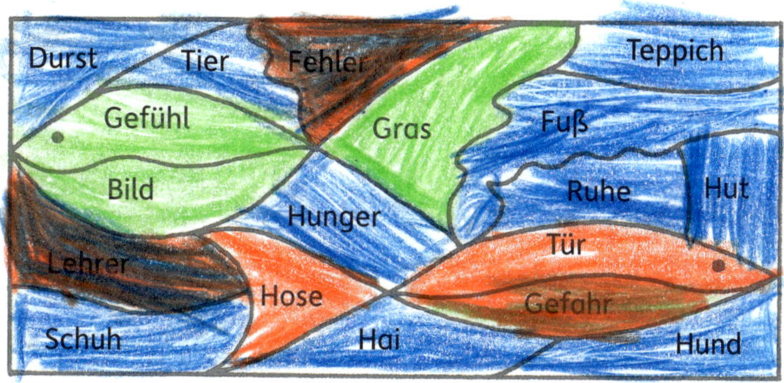

5 Setze die Nomen in die Mehrzahl.
Achtung: Bei zwei Wörtern gibt es keine Mehrzahl.

Einzahl		Mehrzahl	Einzahl		Mehrzahl
Pilz	→	Pilze			
Lied	→	Lieden	Träne	→	Tränen
Neid	→	Neide	Bett	→	Bette
Kind	→	Kindern	Spaß	→	Spaße
Angst	→	Angsten	Müll	→	Mülle
Gruß	→	Grüße	Gesetz	→	Gesetzen

Übrigens: Die Wörter **Eltern** oder **Leute** gibt es nur in der Mehrzahl!

6 Nur **Nomen** schreibst du **groß**!
Alle anderen Wortarten schreibst du klein.
Setze richtig ein.

N oder **n**? N_ase, n_eugierig, n_ie, N_ovember, N_uss

F oder **f**? F_ehler, F_euer, f_ertig, f_uchs, F_risch

S oder **s**? S_ee, s_üß, s_chlüssel, S_chief, s_tiel

L oder **l**? L_aub, l_inks, l_eer, L_ied, l_ang

7 Kreuzworträtsel: Was ist gemeint?

1 An meinem Geburtstag feiere ich ein großes ...
2 Wenn ich zu spät nach Hause komme, macht sich meine Mutter ...
3 Gestern war Lukas böse auf mich. Wir hatten einen schlimmen ...
4 Ich war auch sehr sauer. Ich hatte eine riesige ...
5 Du darfst das niemandem erzählen. Es soll ein ... bleiben.
6 Ich muss ganz schnell etwas trinken, denn ich habe so einen großen ...
7 In den Ferien fahren wir in den Urlaub und machen eine weite ...
8 Papa hatte einen Unfall mit dem Auto. Zum ... wurde keiner verletzt.
9 Wir sollten wilde Tiere nicht einsperren. Sie lieben ihre ...
10 Am ... putze ich die Zähne und gehe dann ins Bett.
11 Du bist viel stärker als ich. Ich habe nicht so viel ...
12 Ich will ein Spiel mit dir spielen. Hast du darauf ...?

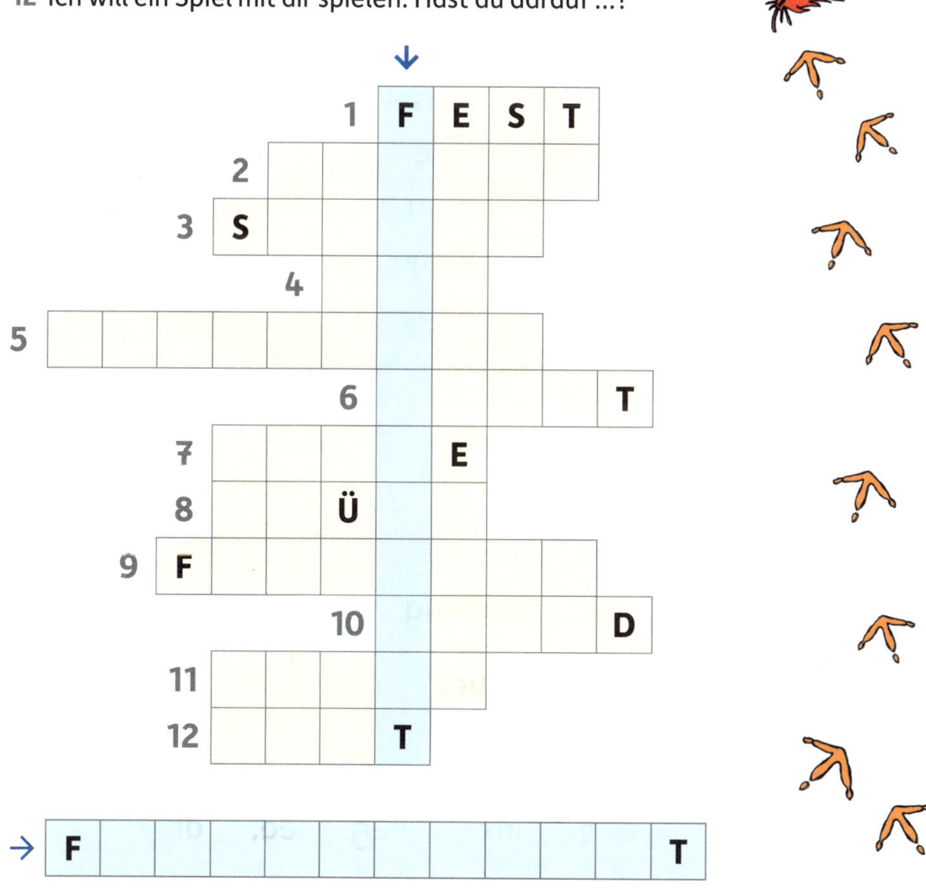

Sammelnamen – Oberbegriffe für Nomen

8 Immer ein Wort passt nicht dazu. Streiche es durch.
Suche den richtigen **Sammelnamen** und trage ihn ein.

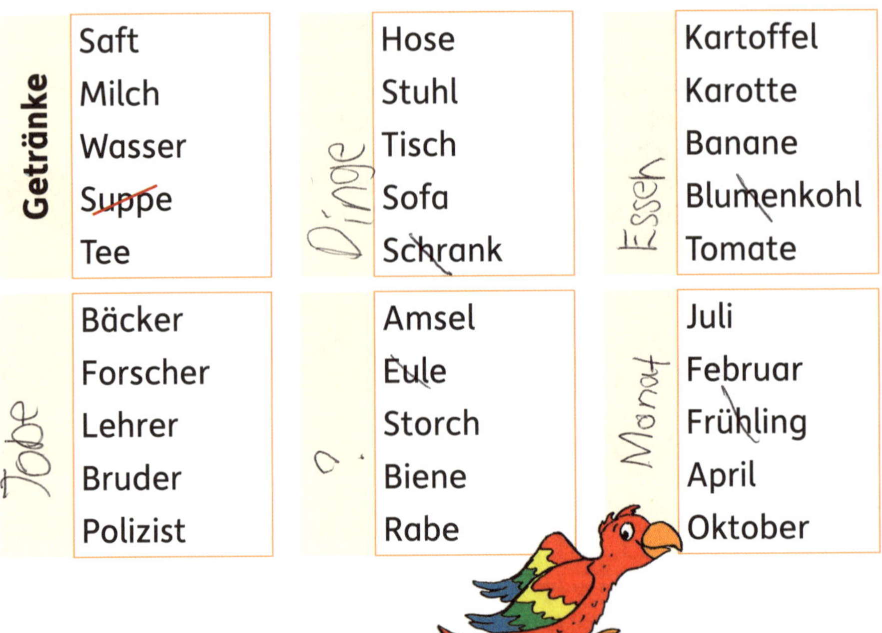

Getränke	Dinge	Essen
Saft	Hose	Kartoffel
Milch	Stuhl	Karotte
Wasser	Tisch	Banane
~~Suppe~~	Sofa	~~Blumenkohl~~
Tee	~~Schrank~~	Tomate

Jobe	?	Monat
Bäcker	Amsel	Juli
Forscher	~~Eule~~	Februar
Lehrer	Storch	~~Frühling~~
Bruder	Biene	April
Polizist	Rabe	Oktober

9 Finde selbst je drei Beispiele.

Blumen	Obst
Tulpe	Tomaten
Primeln	Himberre
Schneeglöcken	Zitrone

Insekten	Gefühle
?	?
?	?
?	?

Achtung: Finde auch hier **Nomen (Namenwörter)**!

Pronomen (Fürwörter)

Persönliche Fürwörter (Pronomen) stehen für Nomen.

Hannah lacht. **Sie** lacht.

Einzahl: ich, du, er, sie, es (auch: mich, mir, dich, dir, ihr ...)
Mehrzahl: wir, ihr, sie (auch: euch, uns, ihnen ...)

10 Finde zu den Formen von **üben** passende Pronomen.

___ übe; ___ üben; ___ übt; ___ übt; ___ übst

11 Setze die Pronomen passend ein.

ich, du, er, sie, wir, ihr, ~~sie~~, mir, dich, ihn, uns

Heute kommen Tante Julia und Onkel Max, denn Anna hat Geburtstag. Um 3 Uhr klingeln sie. Annas Mutter sagt: „Kommt herein, ___ seid herzlich willkommen!“ Onkel Max greift in die Tasche. Dann holt ___ das Geschenk heraus: ein neuer Fahrradhelm! Anna ruft: „Genau den wollte ___ haben! Onkel Max, ___ weißt genau, was ___ gefällt.“ Onkel Max erklärt: „Weißt du, ___ haben ___ gekauft, weil deine Mama ___ den Tipp gab. Denn ___ kennt ___ doch am allerbesten!“

Besitzanzeigende Fürwörter beschreiben, wem oder zu wem etwas gehört. Meist begleiten sie Nomen.

Einzahl: mein, dein, sein, ihr; **Mehrzahl**: unser, euer, ihr

Die Endung kann sich verändern.

Das ist mein**e** Tasche. Ich besuche mein**en** Freund.

12 Lies! Ergänze rechts das besitzanzeigende Pronomen.

Ich habe eine Maus.	→	Es ist ______ Maus.
Du hast eine Katze.	→	Sie ist ______ Katze.
Moritz hat einen Bumerang.	→	Es ist ______ Bumerang.
Wir haben ein Auto.	→	Es ist ______ Auto.
Simon soll das selbst entscheiden.	→	Es ist ______ Entscheidung.
Sarah und du, **ihr** habt es euch gewünscht.	→	Es war ______ Wunsch.
Ich schenke **dir** das Buch.	→	Es ist jetzt ______ Buch.

13 Welche Pronomen gehören zusammen? Verbinde!

ich	du	er	wir	ihr	sie
sein	mein	dein	euer	ihr	unser

14 ▸ Lies den Text. Ohne Pronomen klingt er seltsam.

Selim geht in die 3. Klasse. **Selim** spricht Deutsch und Türkisch. **Selims** Eltern kommen aus der Türkei, aber **Selims** ganze Familie lebt hier. **Selim** hat viele Freunde, die gerne mit **Selim** spielen. **Selims** bester Freund Leon fragt **Selim** oft, wie ein Wort in **Selims** Sprache heißt. Statt „Guten Morgen" sagt **Selim** auf Türkisch „Günaydın". Im Sommer fahren **Selim und Leon** zusammen in die Türkei.

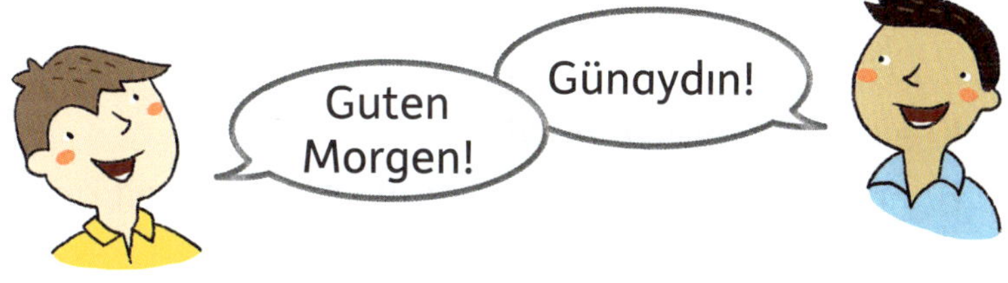

▸ Ersetze jetzt die blauen Namen durch Pronomen. So kannst du viele Wortwiederholungen vermeiden.

Selim geht in die 3. Klasse. ______ spricht Deutsch und Türkisch. ______ Eltern kommen aus der Türkei, aber ______ ganze Familie lebt hier. ______ hat viele Freunde, die gerne mit ______ spielen. ______ bester Freund Leon fragt ______ oft, wie ein Wort in ______ Sprache heißt. Statt „Guten Morgen" sagt ______ auf Türkisch „Günaydın". Im Sommer fahren ______ zusammen in die Türkei.

Verben (Tunwörter)

Verben (Tunwörter) beschreiben, was jemand **tut** oder was **geschieht**. Sie können sich verändern.

ich male, du malst, er malt, es regnet

Ihre **Grundform** endet auf **-en** oder **-n**.

malen, regnen, sammeln, wandern

Sie werden **klein** geschrieben.

15 ▸ Kreise die 8 **Verben rot** ein. Schreibe sie auf deinen Block. Achte auf die Kleinschreibung!

▸ Es sind auch 6 **Nomen** versteckt. Kreise sie **blau** ein. Schreibe sie auch auf.

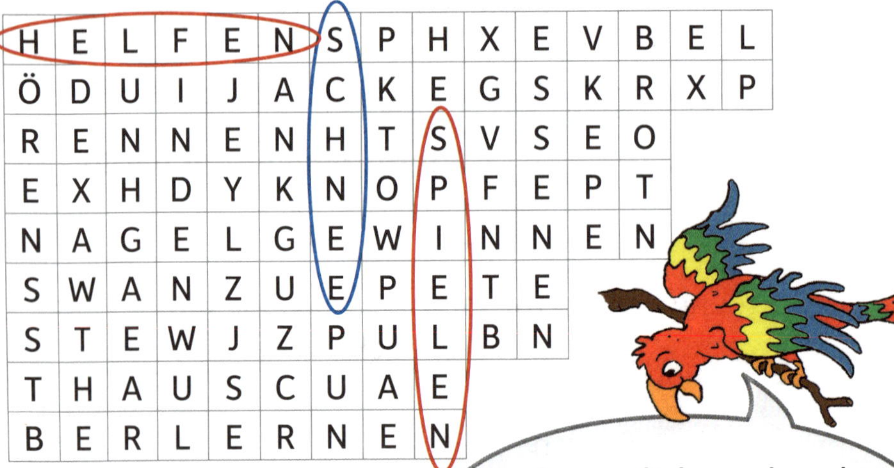

H	E	L	F	E	N	S	P	H	X	E	V	B	E	L
Ö	D	U	I	J	A	C	K	E	G	S	K	R	X	P
R	E	N	N	E	N	H	T	S	V	S	E	O		
E	X	H	D	Y	K	N	O	P	F	E	P	T		
N	A	G	E	L	G	E	W	I	N	N	E	N		
S	W	A	N	Z	U	E	P	E	T	E				
S	T	E	W	J	Z	P	U	L	B	N				
T	H	A	U	S	C	U	A	E						
B	E	R	L	E	R	N	E	N						

16 ▸ Trage die Verben oben in der Grundform ein.

▸ Bilde darunter die passenden Formen zum Pronomen.

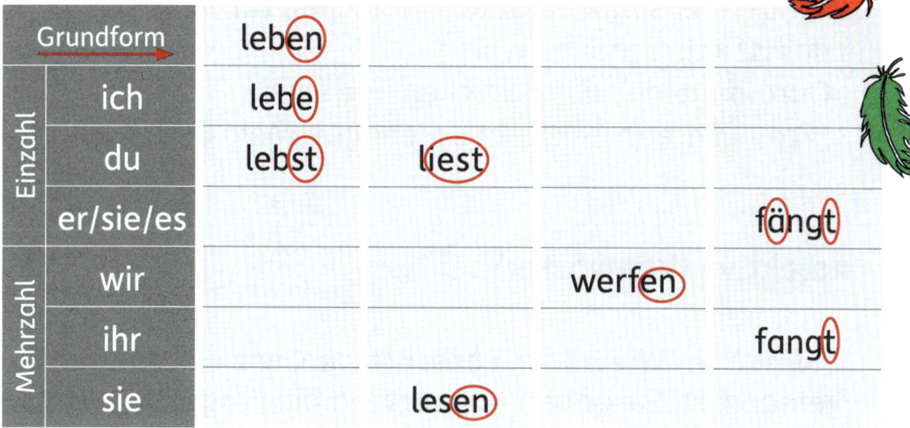

Grundform		leben			
Einzahl	ich	lebe			
	du	lebst	liest		
	er/sie/es				fängt
Mehrzahl	wir			werfen	
	ihr				fangt
	sie		lesen		

▸ Kreise ein, welche Stellen im Wort sich verändern.

17 Setze die Verben in der passenden Form im Text ein.

gehen, trommeln, machen, tanzen, spielen,
singen, zeigen, drehen, klatschen

Ich ______ in die Schule. Wir ______ ein Lied. Lisa ______ auf der Flöte dazu. Die ganze Klasse ______ in die Hände. Nick ______ im Takt. Frau Keller ______ uns Bewegungen, damit wir dazu ______ können. Ich ______ mich ganz schnell. Das ______ mir Spaß!

Für deine Lachmuskeln:

Die Lehrerin erklärt: „Man sagt nicht *er tut singen*, sondern *er singt*. Lasst das Wörtchen *tut* lieber weg, das ist kein schönes Wort.“
Darauf meldet sich Fritzchen und sagt:
„Frau Lehrerin, mir geht’s nicht gut. Mein Bauch weht!“

Adjektive (Wiewörter)

Adjektive (Wiewörter) beschreiben, **wie** etwas oder jemand ist. Sie geben Antwort auf die **Frage**: **Wie ist es?**

Das Dach ist **rot**. Ein Baby ist **klein**. Die Pause ist **schön**.

Adjektive (Wiewörter) scheibt man **klein**.

18 ▸ Unterstreiche alle Adjektive grün.

gut, helfen, blau, frisch, klatschen, lustig, ordnen, kalt, teuer, lachen, bitte, hoch, geben, neu, wild, Ball, lernen, nass, und, mutig, leider, leise, oder, für, wollen, Papagei

▸ Schreibe nur die Adjektive hier auf.

Oft musst du das **Adjektiv (Wiewort)** an das **Nomen (Namenwort) anpassen**, das du damit beschreibst.

das rote **Dach**, ein kleines **Baby**, die schöne **Pause**

19 ► Verbinde jedes Adjektiv mit dem passenden Bild.

► Schreibe beides zusammen auf. Sieh dir das Beispiel an:

Der Hund ist bissig. → der bissige Hund

Die Rose ist rot. → die ______ ______

Die Torte ist ______. → ______ ______ ______

Der Ball ist ______. → ______ ______ ______

Der Zwerg ist ______.

→ ______ ______ ______

Der Elefant ist ______.

→ ______ ______ ______

Der Papagei ist ______.

→ ______ ______ ______

20 Finde das Gegenteil.

► Verbinde!

weiß	traurig
froh	schwarz
klug	fleißig
faul	jung
alt	dumm
rund	ängstlich
mutig	eckig
lang	langsam
schnell	weit
eng	nah
fern	kurz

► Schreibe es selbst dazu!

hell → dunkel
hart →
hoch →
nass →
klein →
warm →
falsch →
früh →
dick →
viel →
laut →

Zwischentest: Wortarten

21 Unterstreiche in diesem Text alle Nomen (Namenwörter) blau, Verben (Tunwörter) rot, Adjektive (Wiewörter) grün und Pronomen (Fürwörter) lila.

Tim und Tom liegen morgens noch lange im Bett.
Tim flüstert leise zu seinem Bruder:
„Du, ich glaube, wenn Mutti uns nicht weckt,
dann kommen wir noch zu spät in die Schule."

22 Male das Mandala aus.

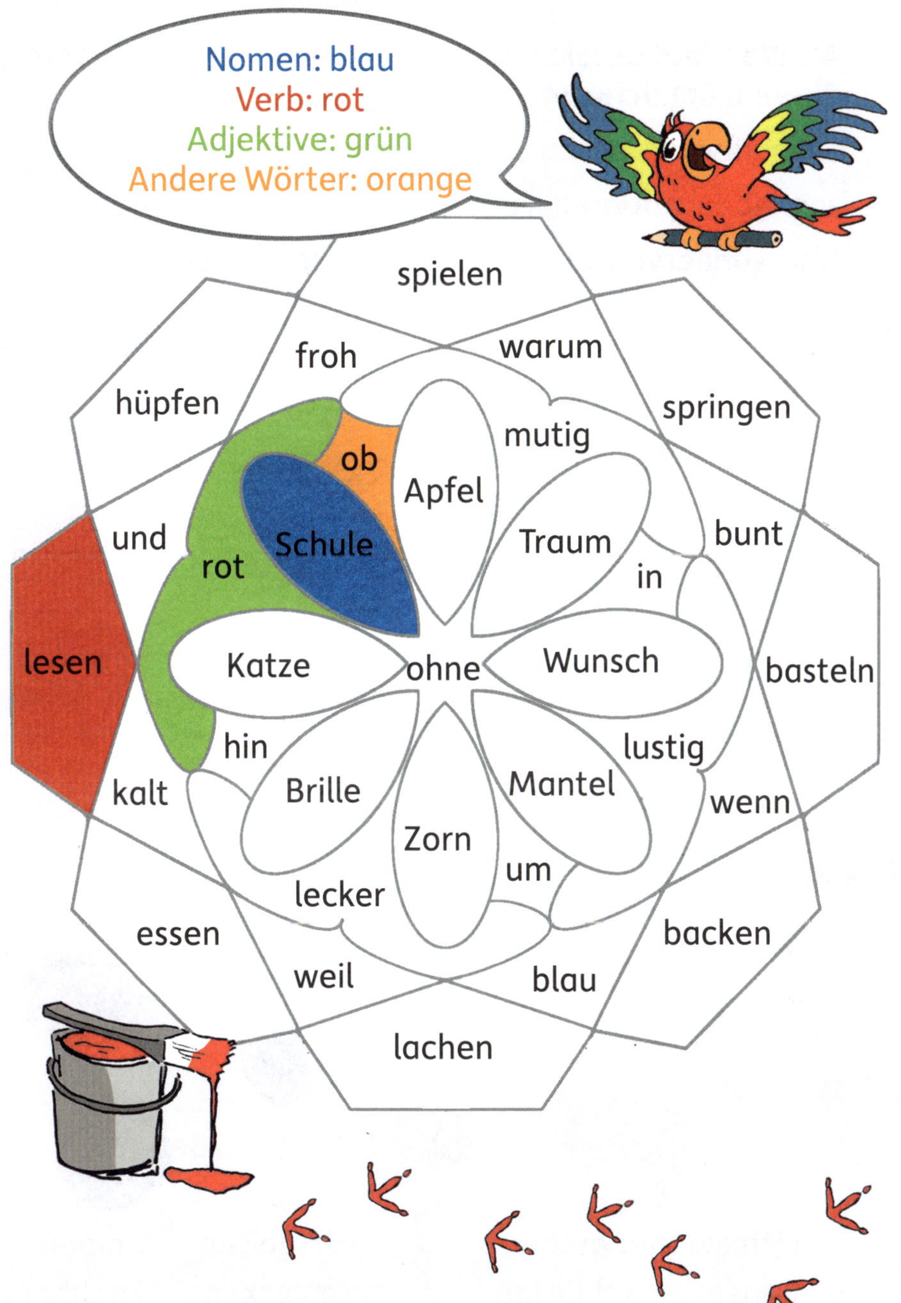

Wortfelder

Als **Wortfeld** bezeichnet man eine Gruppe von Wörtern, die eine **ähnliche Bedeutung** haben.

Sie helfen dir, **genau und interessant** zu beschreiben.

schreiben, notieren, verfassen, kritzeln, schmieren …

toll, wundervoll, prächtig, herrlich, fantastisch …

23 Wortfeld **sich bewegen**: Unterscheide und male aus.

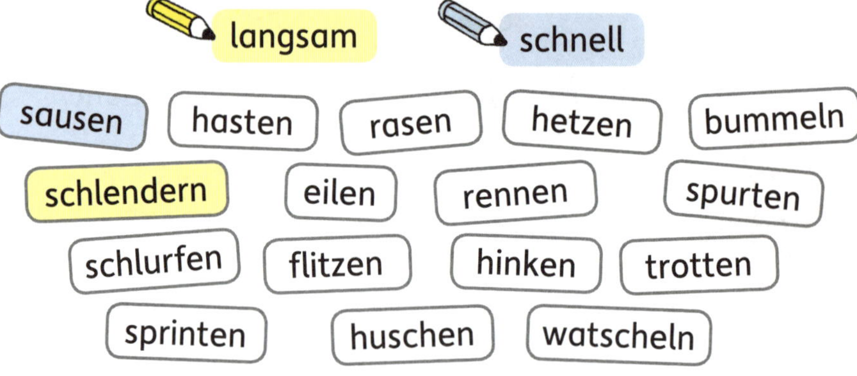

24 **essen** – **trinken**: Verbinde Bild und Verb.

25 Wortfelder **sehen**, **hören**, **riechen**: Verbinde passend.

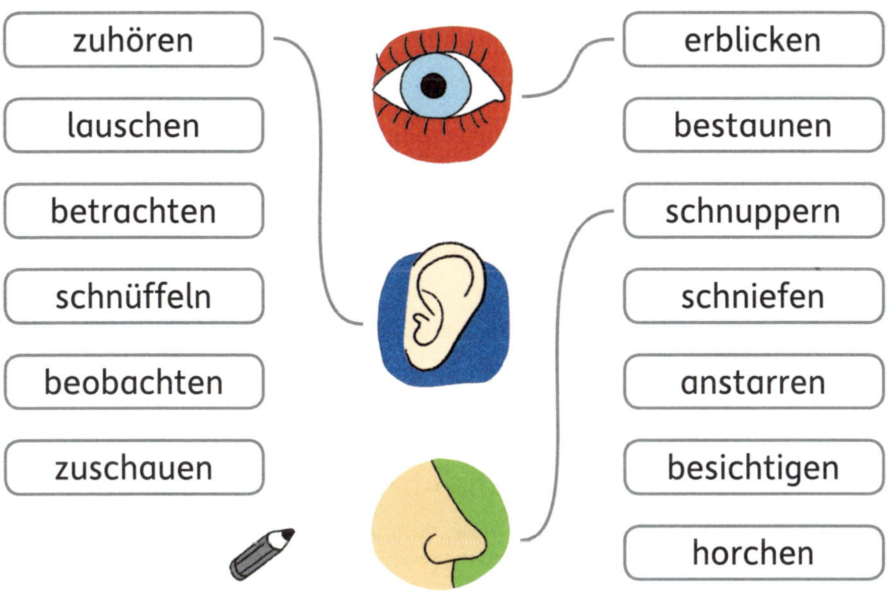

26 Finde zum Wortfeld **sagen** je ein Verb (Tunwort) mit der angegebenen Bedeutung. Es gibt immer mehrere Möglichkeiten.

mit hoher Stimme sprechen: ____________

eine Frage stellen: ____________

etwas laut sagen: ____________

etwas leise sagen: ____________

mit tiefer Stimme sprechen: ____________

etwas fröhlich sagen: ____________

etwas unzufrieden sagen: ____________

27 Wortfeld **sagen**: Setze passend ein.

erklärt
antwortet
~~fragt~~
meint

Tom fragt Mia: „Kommst du mit zum Teich?“ „Na klar!“, ______ Mia. „Vielleicht sind aus den Kaulquappen schon Frösche geworden“, ______ sie und ______: „Es dauert drei Monate, bis sie Beine haben und den Schwanz verlieren.“

jammert
stottert
bestimmt

„Wir nehmen die Abkürzung über den Bach“, ______ Tom. Mia ______: „Über den wackeligen Baumstamm traue ich mich nicht.“ Aber Tom balanciert schon los. Doch dann ______ er: „Da-da-as ist viel-ll-leicht ru-uu-utschig hier!“

flüstert
begrüßt
dankt
schreit
beruhigt

Platsch! Tom landet im Wasser. „Hilfe!“, ______ er laut. „Bitte zieh mich hier raus!“ Mia ______ ihn: „Warte! Ich helfe dir.“ Tom ______ Mia: „Du hast mich gerettet!“ „Sieh mal“, ______ Mia, „wer da auf dein Bein gehopst ist!“ „Hallo, du!“, ______ Tom den kleinen Frosch.

Zusammengesetzte Nomen (Namenwörter)

Zusammengesetzte Nomen bestehen aus einem **Grundwort** (hinten) und einem **Bestimmungswort** (vorne).

Das **Grundwort** legt den **Artikel (Begleiter)** fest.

der Apfel + der Baum	die Kirsche + der Baum	das Laub + der Baum
der Apfelbaum	**der Kirschbaum**	**der Laubbaum**

28 ▸ Setze zusammen. Das Wort in der Mitte ist Grundwort **oder** Bestimmungswort. Achtung: **Spiel** passt oft vorne **und** hinten!

~~Fußball~~ Karten ~~Brett~~ **Spiel** Geld Feld Platz

Fußballspiel, Brettspiel, Spielbrett

▸ Nun mit **Schlüssel** als Grund- oder Bestimmungswort.

Haus Fahrrad Schrauben **Schlüssel** Loch Auto Anhänger

Der **erste Teil** von zusammengesetzten Nomen (das **Bestimmungswort**) kann von einem anderen **Nomen**, einem **Verb** oder **Adjektiv** stammen.

Nomen (Namenwort)	**Butter**	+	**Brot**	→ **Butterbrot**
Verb (Tunwort)	**lesen**	+	**Buch**	→ **Lesebuch**
Adjektiv (Wiewort)	**rot**	+	**Wein**	→ **Rotwein**

Manchmal wird in der Mitte ein Buchstabe weggelassen oder eingefügt:

Mal~~en~~block, Woll~~e~~mütze, Bauer**n**hof, Kapitän**s**mütze

29 Male an!

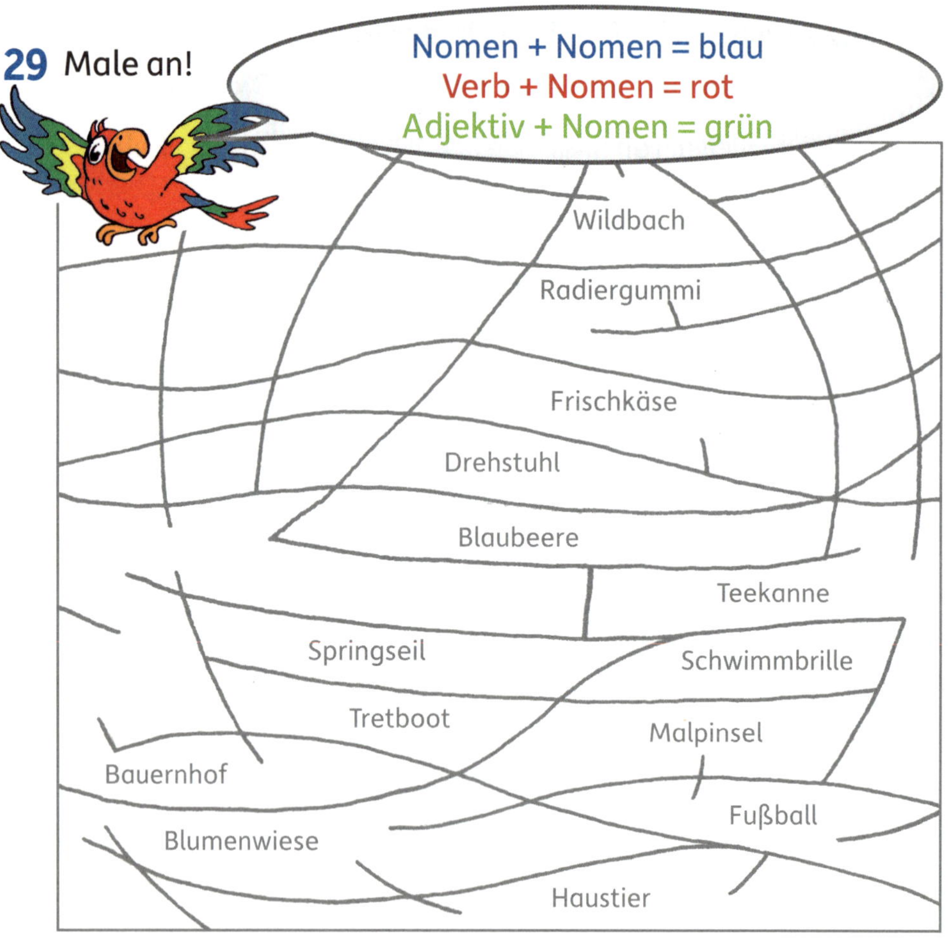

Zusammengesetzte Adjektive (Wiewörter)

Adjektive (Wiewörter) können **zusammengesetzt** sein.

Ihr Grundwort (letzter Teil) ist immer ein Adjektiv.
Das Bestimmungswort (1. Teil) kann bei ihnen ebenfalls ein **Nomen**, **Verb** oder **Adjektiv** sein.

Nomen	**Riese**	+	**groß**	→	**riesengroß**
Verb	**kuscheln**	+	**weich**	→	**kuschelweich**
Adjektiv	**hell**	+	**blau**	→	**hellblau**

30 Was gehört zusammen?
Verbinde und schreibe die Wörter auf.

rabenschwarz,

31 ▸ Zerlege die zusammengesetzten Adjektive in 2 Teile.

▸ Schreibe das vordere Bestimmungswort auf: **Verben** in der **Grundform**, **Nomen** mit ↑**Großschreibung**!

▸ Male das Bestimmungswort je nach Wortart an:
Nomen: blau – **Verb: rot** – **Adjektiv: grün**.

Wort	Bestimmungswort		Grundwort
hochbegabt	**hoch**	+	begabt
hundemüde	↑ **Hunde**	+	müde
lernfähig	**lernen**	+	fähig
staubtrocken		+	trocken
stinkfaul		+	faul
apfelgrün		+	grün
dunkelrot		+	rot
spiegelglatt		+	glatt
bitterkalt		+	kalt
strohblond		+	blond
klatschnass		+	nass
stockdunkel		+	dunkel
hellblau		+	blau
federleicht		+	leicht

32 Setze ein.

1 Eine Wanne zum Baden ist eine …
2 Eine Brille für die Sonne ist eine …
3 Eine Mütze aus Wolle ist eine …
4 So blau wie der Himmel → …
5 Ein Salat aus Gurken ist ein …
6 So grün wie das Gras → …
7 So rund wie eine Kugel → …
8 So rot wie Feuer → …
9 Ein Haus für die Ferien ist ein …
10 Ein Zimmer für Kinder ist ein …

Finde die zusammengesetzten Nomen oder Adjektive heraus!

↓

								↓						
		1					W							
2	S													
			3						Ü	T				
	4			M	M									
5							S							
6							Ü							
7					R									
				8	F						R			
	9					E								
		10									M	M		

Lösung: Eine **Uhr**, die du mit einem **Band** am **Arm** trägst,

ist eine __________.

Zwischentest: Zusammengesetzte Wörter

33 Verbinde die Erklärungen mit der passenden Lösung.

ein Teller für die Suppe ●	● Gästebett
ein Bett für Gäste ●	● Salatschüssel
eine Schüssel für den Salat ●	● Suppenteller
so gelb wie eine Zitrone ●	● Bratpfanne
eine Pfanne zum Braten ●	● zitronengelb

34 ▸ Verbinde die Wörter, die zusammenpassen.

Haus | bunt | Schnee | Regen | hoch | lau | Maus

weiß | Specht | Mantel | hoch | Haus | grau | warm

▸ Schreibe die neuen Wörter auf.

Achte dabei genau auf die Wortart des Grundworts (2. Teil) und damit auf die ↑Groß- oder ↓Kleinschreibung!

↓ Adjektive	↑ Nomen
haushoch	

35 ▸ Bilde Schlangenwörter aus je drei Wörtern.
Male mit gleicher Farbe an, was zusammengehört.

▸ Schreibe sie zusammengesetzt und mit Artikel auf.

die Bauernhoftiere

Silben

36 Überspringe immer eine Silbe und notiere die Wörter.

Kä But se ter   Ku Tor chen te

Nimm hier jede 3. Silbe. Bilde drei Wörter mit je 3 Silben.

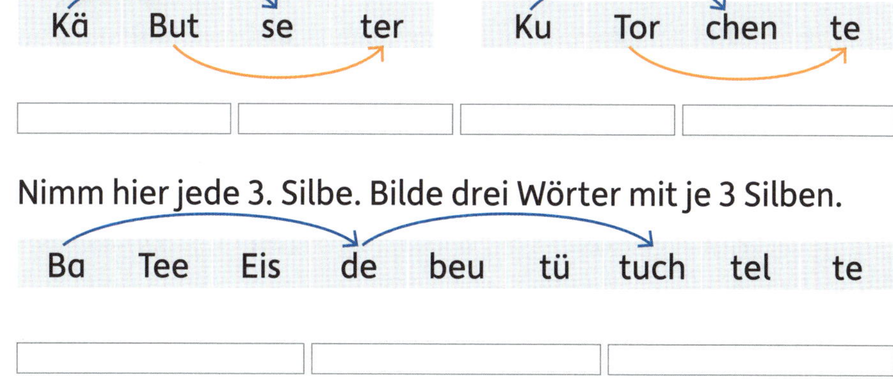

Vorsilben

Eine **Vorsilbe** wird als 1. Silbe an ein Wort angehängt.

ent-, ver-, zu-, ab-, auf-, an-, mit-, um-, be- ...

Vorsilben verändern die **Bedeutung** eines Wortes.

schreiben: einen Brief **schreiben**, einen Text **abschreiben**, einen anderen Menschen **beschreiben**. Der Arzt kann dir ein Medikament **verschreiben**.

37 Male nur die Vorsilben an, die vor **-hören**, **-rufen** oder **-wickeln** ein sinnvolles neues Wort ergeben!

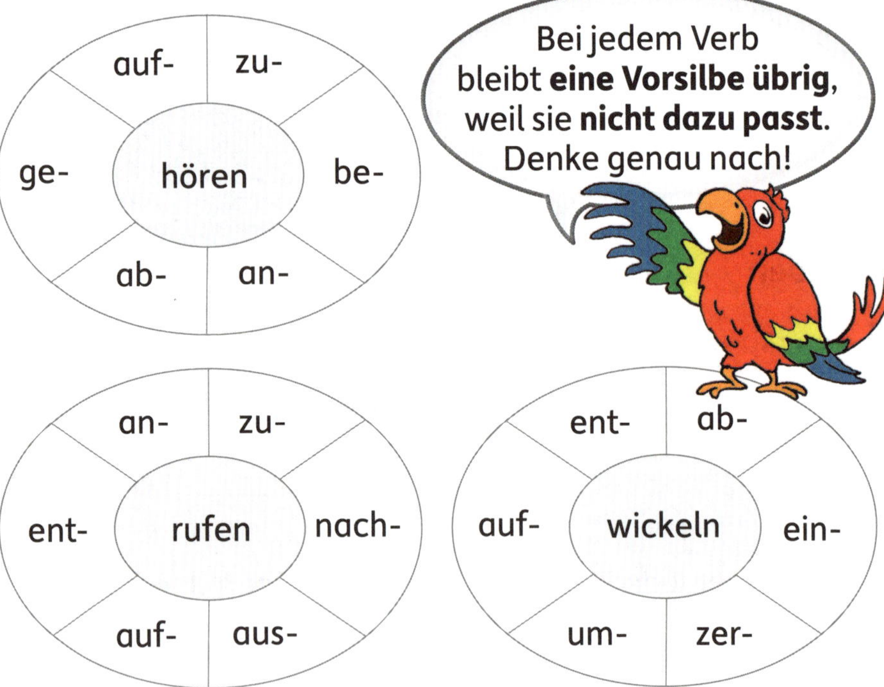

In der Lösung findest du Beispielsätze zu den Wörtern. Lies sie ganz genau!

38 ▸ Finde Verben, die zur Vorsilbe passen.
Schreibe sie in die Blütenblätter.

▸ Versuche es zuerst mit diesen:

stehen, stellen, lassen, lesen,
brauchen, halten, holen, gehen

Du findest sicher noch mehr!

Tipp:
Überlege dir immer zuerst einen sinnvollen Satz mit dem neuen Wort!

39 Was passt zusammen? Vervollständige den Witz.

~~be-~~, be-, be-, ge-, zu-, ver-, ver-, er-, er-

„Kann man auch [be]straft werden, wenn man gar nichts [ ]macht hat?", [ ]kundigt sich Karlchen bei der Lehrerin. Die Lehrerin [ ]klärt: „Nein, Karlchen, wer nichts Schlimmes macht, hat nichts zu [ ]fürchten." „Dann bin ich ja [ ]ruhigt", kann Karlchen nun [ ]gnügt [ ]geben, „ich habe nämlich die Hausaufgaben [ ]gessen."

Kleber

40 Puzzle: Schneide die Teile von Seite 79 aus und ordne zu.

Der Autofahrer hat viel zu spät gebremst. Es gab einen …	Radle nie ohne Helm! Du bringst dich sonst selbst in …	Einige Leute glauben, ein Freitag, der 13., bringt ihnen …	Die Schale der Banane kannst du nicht essen. Sie ist …
Oh, ich habe euch wohl verwechselt. Das war ein …	Entschuldige bitte, das tut mir leid. Es war keine …	Im Theater wartet das Publikum, bis der … aufgeht.	Wir haben beide am gleichen Tag Geburtstag? So ein …

41 Vorsilben-Kreuzworträtsel:
Setze die gesuchten Wörter unten ein.

1 Wenn ich erschrecke, will ich am liebsten ganz schnell …
2 Wir müssen immer weiter am Bach …
3 O je, meine Katze ist weg. Vielleicht ist sie mir …
4 Ich laufe eine Runde um den Fußballplatz. Willst du …?
5 Wir wissen nicht, wo wir sind. Wir haben uns wohl …
6 Wenn ich weit springen will, muss ich vorher ganz schnell …
7 Du bekommst einen Vorsprung und darfst schon eher …
8 Ich lasse das Badewasser in die Wanne …
9 Wenn die Milch zu stark kocht, wird sie …
10 Lass das Eis nicht in der Sonne stehen, sonst wird es …!
11 Der Sieger wird als Erster ins Ziel …

Alle Wörter enden mit … -**laufen**!

1 w _ _ l a u f e n
2 e n t _ _ _ _ l a u f e n
3 e _ _ l a u f e n
4 m _ _ _ _ _ _ _ _
5 v _ _ _ _ _ _ _ _
6 a _ _ _ _ _ _ _
7 l _ _ _ _ _ _ _ _
8 e _ _ _ _ _ _ _ _
9 ü _ _ _ _ _ _ _ _ _
10 z _ _ _ _ _ _ _ _
11 _ _ n _ _ _ _ _ _

Lösung: Hoffentlich ist dir kein Fehler _ _ _ _ _ _ _ _ _ _ _ !

Un- (bei Nomen) / **un-** (bei Adjektiven) drückt oft das **Gegenteil** oder eine **Verneinung** aus.

unsportlich = nicht sportlich, Unglück = kein Glück

Es gibt aber auch Ausnahmen:

„**Unheimlich**“ ist nicht das Gegenteil von „**heimlich**“.

Ein „**Unfall**“ ist nicht das Gegenteil von „**Fall**“.

42 Welches „Un/un“-Wort ist gemeint? Verbinde!

nicht glücklich	unglaublich
nicht geduldig	unglücklich
nicht zu glauben	ungeduldig
ohne Absicht	Ungeheuer
Sturm, Regen, Gewitter	unabsichtlich
schreckliches Wesen	ununterbrochen
ohne Pause, pausenlos	Unwetter
nicht sicher	unwichtig
ungewollter Schaden	Unfall
nicht wichtig	unsicher

Zwischentest: Vorsilben

43 Unterstreiche die Vorsilben. Dann verbinde die Wörter mit dem passenden Bild.

abschneiden
verstecken
ausführen
anknabbern
austeilen
anstellen
hinfallen
verschenken

44 Setze die Vorsilben sinnvoll ein. Lies und überlege genau.

Be-, ver-, ab-, Vor-, her-, zu-, auf-, ver-, aus-, be-

Eine ____silbe ____ändert oft die ____deutung.

Zum Beispiel kann der Lehrer eine Hausaufgabe

____geben, die ich morgen ____geben muss.

Du kannst dein Geld ____geben oder ____geben.

Wenn ich meinen Fehler ____gebe,

werden wir uns ____stimmt wieder ____tragen.

Nachsilben

Mit **Nachsilben** verändert sich meistens die **Wortart**.

Die Nachsilben **-lich**, **–isch**, **-ig**, **-haft-**, **-sam** und **-bar** verwandeln andere Wortarten in **Adjektive (Wiewörter)**.

Herz → herzlich, **Eifer → eifrig**, **heilen → heilbar**, **heilsam**

Manchmal musst du vor dem Anhängen auch Buchstaben weglassen oder ergänzen: dehn(~~en~~)bar, mag(~~ie~~)isch, dame**n**haft.

45 Bilde sinnvolle Adjektive. Welche Nachsilbe brauchst du? Male aus:

-lich: rot
-isch: blau
-bar: grün
-sam: orange
-haft: gelb
-ig: lila

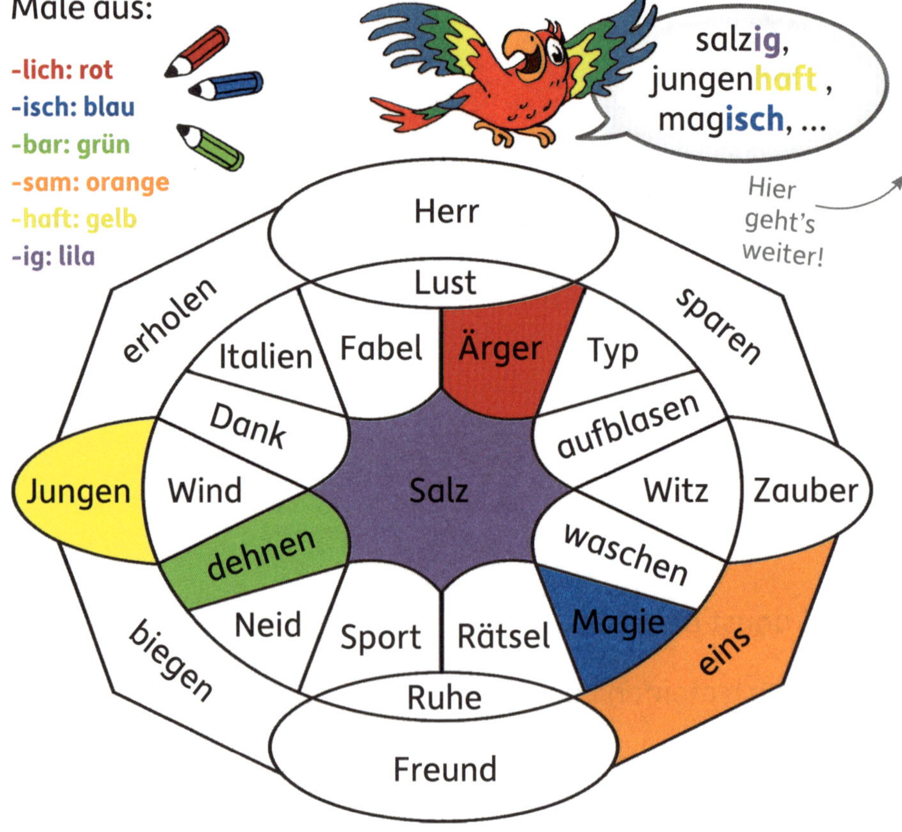

46 Schreibe die neuen Wörter von **45** geordnet auf.

-lich	-isch	-bar
ärgerlich	**magisch**	**dehnbar**

-sam	-haft	-ig
einsam	**jungenhaft**	**salzig**

Achtung:
Adjektive (Wiewörter)
schreiben wir **klein**!

Die Nachsilben **-heit**, **-keit**, **-nis**, **-ung** und **-schaft** erzeugen neue **Nomen (Namenwörter)**.

wandern → Wanderung, wild → Wildnis, einsam → Einsamkeit, Feind → Feindschaft

Achtung: Nomen schreiben wir immer **groß**! ↑

47 Verbinde sinnvoll je nach Nachsilbe. Schreibe die neuen Nomen in den richtigen Beutel.

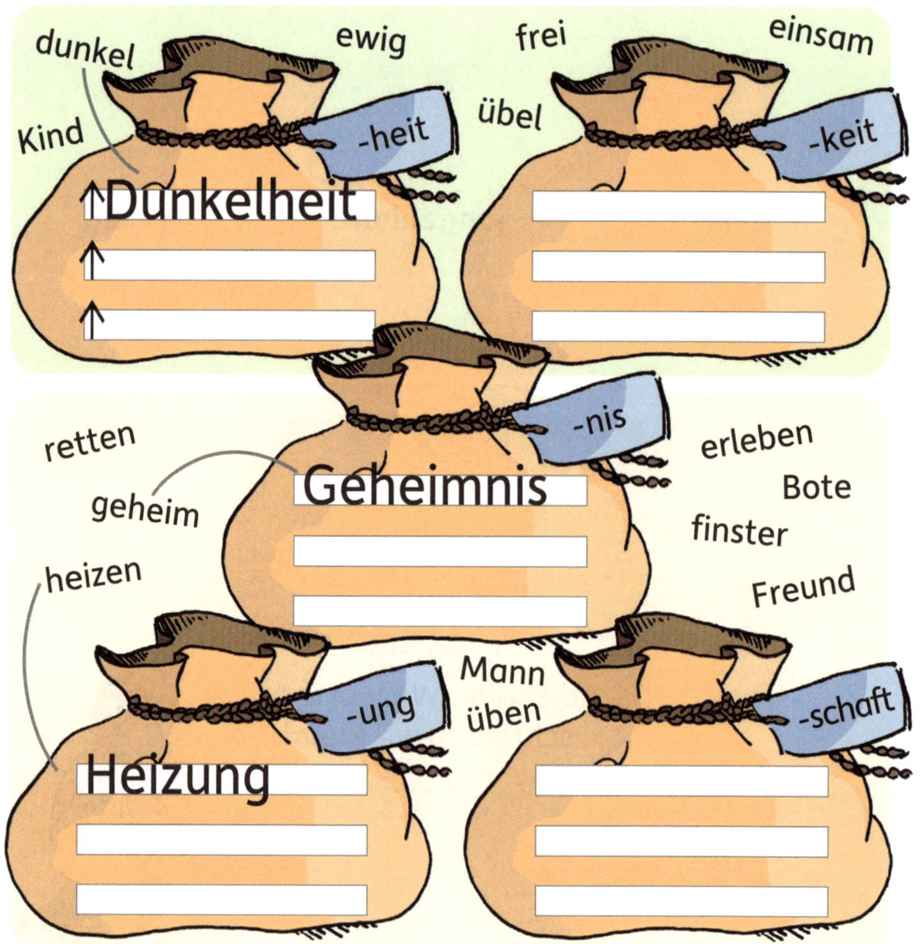

Die Nachsilben **-chen** und **-lein** bei **Nomen (Namenwörtern)** zeigen, dass etwas klein ist.
Aus **a**, **o**, **u** wird oft **ä**, **ö**, **ü** und aus **au** wird oft **äu**!

das Haus – das H**äuschen**, das Kleid – das Kleid**chen**,
der Mantel – das M**ä**nte**lein**, der Arm – das **Ä**rm**chen**

48 Verkleinere alles mit **-chen** und **-lein**.
Schreibe die Wörter mit bestimmtem Artikel dazu.

der Hund
das Hündchen
das Hündlein

der Mann

die Katze

die Nase

die Maus

der Fuß

der Vogel

das Heft

49 Setze die Wortteile passend ein.

be-, ge-, an-, ~~zu-~~, vor-, ~~Vor-~~, Nach-
ver-, Ver-, ~~er-~~, -aus-, -ig, -ige, -sam,
-isch, -lich, -lich, -lich, -lich, -lichen,
-h~~aftes~~, -bar, -nis, -chen, -chen, -ung, -heit

Das Wetter: Die Vor hersage für das Wochenende

Es er wartet uns ein wechsel haftes Wochenende.

Es bleibt zu nächst wind ____. Der Samstag

____ ginnt noch ein biss ____ regner ____.

Aber am ____ mittag hört es allmäh ____

zu regnen auf. Die Bewölk ____ wird lang ____

weniger, bis kein Wölk ____ mehr sicht ____ ist.

Das ist end ____ eine tolle Gelegen ____,

ein paar sonn ____ Stunden zu ____ nießen.

Der Sonntag wird freund ____ und ____ genehm

warm, so dass einem Familien ____ flug kein

Hinder ____ mehr im Wege steht. Ab Montag sind

wieder neue Gewitter mög ____. ____ bringen Sie

also ____ her noch viel Zeit draußen und lassen Sie

sich vom herr ____ Sonnenschein ____ wöhnen.

Zwischentest: Vor- und Nachsilben

50 Bilde Nomen, indem du die passende Nachsilbe anhängst. Verbinde und schreibe sie mit Artikel auf.

zufrieden ●	● -keit	
überraschen ●	● -heit	
klug ●	● -ung	
wandern ●	● -nis	
hindern ●	● -heit	
fröhlich ●	● -ung	

51 Baue sinnvolle Wörter aus jeweils drei Bausteinen. Male sie mit der gleichen Farbe an. Schreibe die Wörter auf.

un	trau	bar	unbrauchbar
zu	brauch	lich	
er	staun	ig	
vor	genieß	lich	
un	sicht	bar	

Wortstamm und Wortfamilie

Wörter mit dem gleichen **Wortstamm** gehören zu einer **Wortfamilie**.

Wortfamilie stellen: an**stell**en, Be**stell**ung, ver**stell**t …

Wortfamilie baden: ich **bad**e, Schwimm**bad**, **Bad** …

52 ▸ Male die Wortstämme fahr, sprech und spring in jedem Wort an, wie in den Beispielen.

sprechen	Turmspringer	Abfahrt	Sprecher
Sprechblase	du springst	versprechen	Fahrrad
Busfahrer	Springbrunnen	springen	fahren

▸ Ordne die Wörter nach ihren Wortfamilien.

Der **Wortstamm** einer Wortfamilie kann sich manchmal **verändern**. Trotzdem bleibt es **die gleiche Wortfamilie**!

ziehen, **zog**, Um**zug** ...
reißen, zer**riss**en, **Reiß**verschluss ...

53 ▸ Unterstreiche in jedem Wort den Wortstammm.
Die Pronomen (Fürwörter) brauchst du nicht beachten.

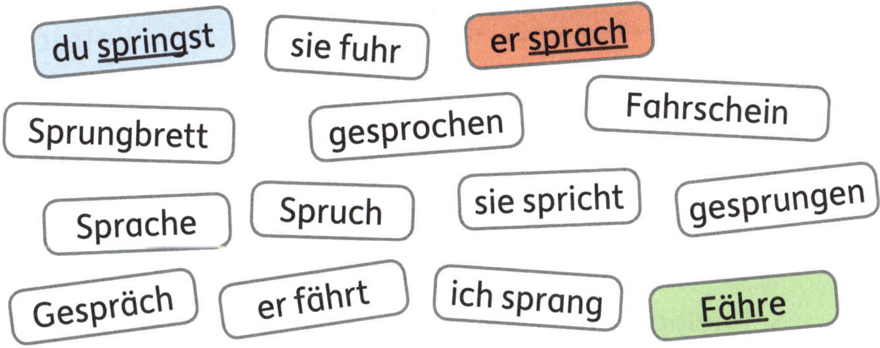

▸ Überlege nun, welche dieser Wörter mit denen aus Aufgabe **52** verwandt sind. Male sie mit der passenden Farbe aus.

Mein Tipp: **„fahr“** war **grün**.
Also male ich jetzt die ganze Wortfamilie **„fahr – fähr – fuhr“** grün aus.
Ebenso verwende ich **rot** und **blau** für die anderen beiden Wortfamilien.

54 Zu welcher Wortfamilie – in welchen Stamm?

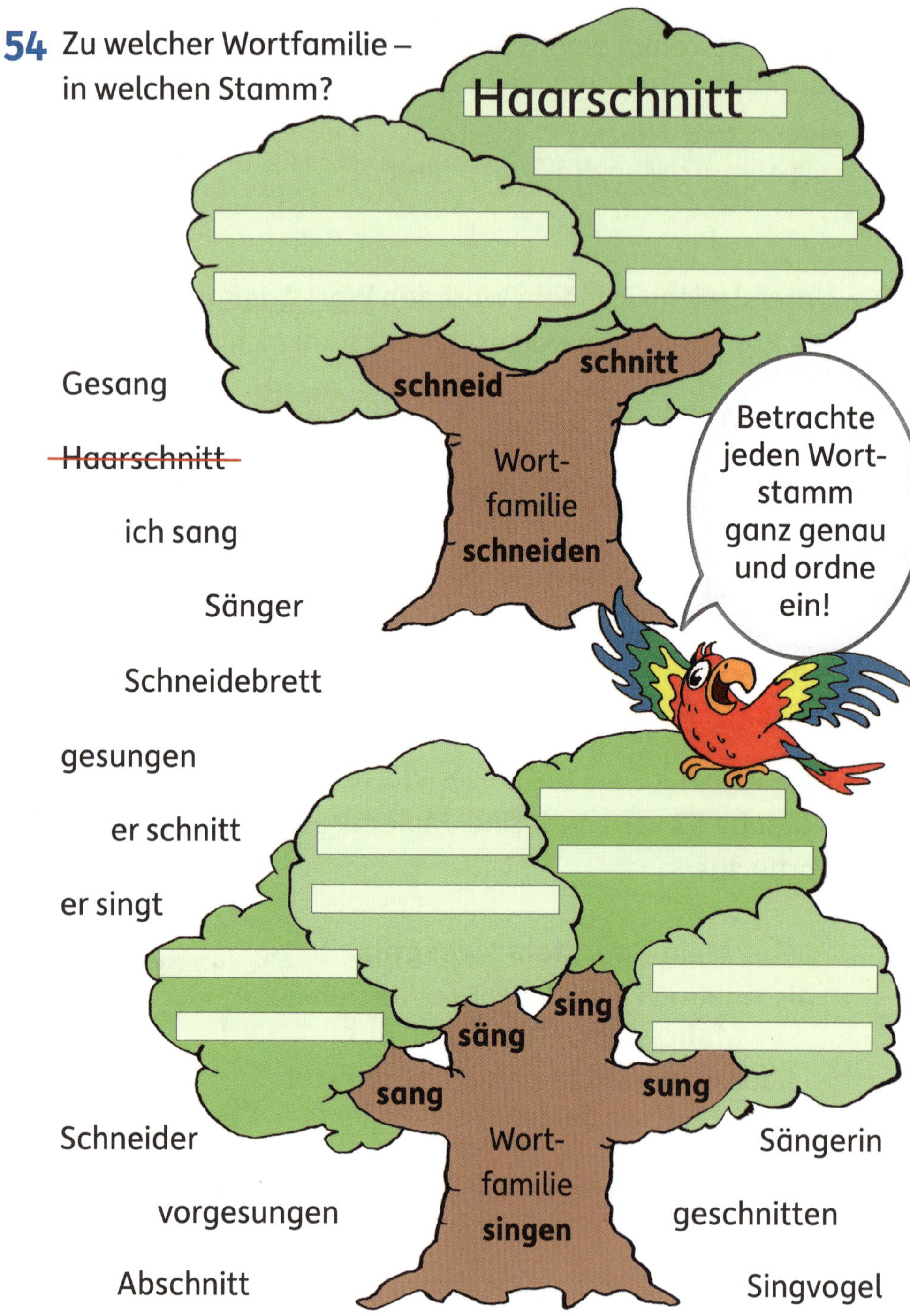

Gesang

~~Haarschnitt~~

ich sang

Sänger

Schneidebrett

gesungen

er schnitt

er singt

Schneider

vorgesungen

Abschnitt

Sängerin

geschnitten

Singvogel

213

Grammatik

3. Klasse

Lösungen

Dieser Lösungsteil ist herausnehmbar!
Klammern in der Mitte des Heftes öffnen!

1

Menschen	Tiere	Pflanzen	Dinge
Kind	Maus	Baum	Heft
Mutter	**Fisch**	**Blume**	**Auto**
Koch	**Hase**	**Busch**	**Feder**
Vater	**Spatz**	**Rose**	**Sofa**
Bruder	**Löwe**	**Palme**	**Fenster**

2 Mit großer Freude denke ich im Advent an Weihnachten, Silvester und die Ferien im Winter.

3

Freude	Tasche	Garten	Katze	Traum
Brot	Montag	Woche	Ausflug	Bäcker
Mut	Telefon	Ameise	Brief	Erfolg
Fleiß	Schmerz	Trompete	Spaß	Angst
Kuchen	Pech	Vertrauen	Abenteuer	Flugzeug

4

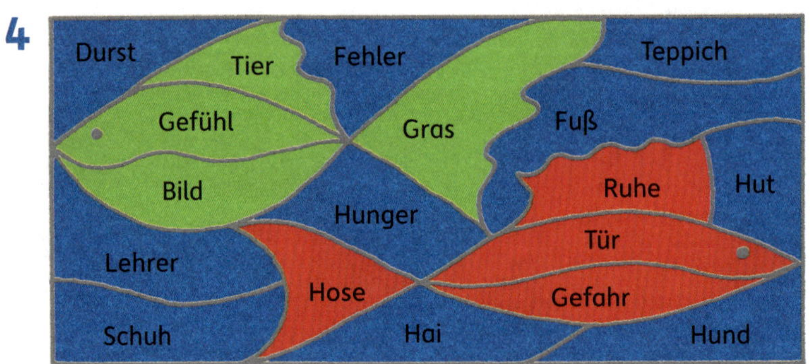

5

Lied → **Lieder**		Träne → **Tränen**	
Neid → **keine Mehrzahl!**		Bett → **Betten**	
Kind → **Kinder**		Spaß → **Späße**	
Angst → **Ängste**		Müll → **keine Mehrzahl!**	
Gruß → **Grüße**		Gesetz → **Gesetze**	

6 Nase, neugierig, nie, November, Nuss

Fehler, Feuer, fertig, Fuchs, frisch

See, süß, Schlüssel, schief, Stiel

Laub, links, leer, Lied, lang

7

1 FEST
2 SORGEN
3 STREIT
4 WUT
5 GEHEIMNIS
6 DURST
7 REISE
8 GLÜCK
9 FREIHEIT
10 ABEND
11 KRAFT
12 LUST

→ FREUNDSCHAFT

8

Getränke	Möbel	Gemüse
Saft	~~Hose~~	Kartoffel
Milch	Stuhl	Karotte
Wasser	Tisch	~~Banane~~
~~Suppe~~	Sofa	Blumenkohl
Tee	Schrank	Tomate

Berufe	Vögel	Monate
Bäcker	Amsel	Juli
Forscher	Eule	Februar
Lehrer	Storch	~~Frühling~~
~~Bruder~~	~~Biene~~	April
Polizist	Rabe	Oktober

9

Blumen	Obst
Tulpe	**Apfel, Birne,**
Rose, Nelke,	**Banane, Erdbeere,**
Gänseblümchen …	**Kirsche, Melone …**

Insekten	Gefühle
Grashüpfer, Fliege,	**Angst, Freude,**
Marienkäfer,	**Trauer, Neugier,**
Biene, Mücke …	**Wut, Liebe …**

10 **ich** übe; **wir**/**sie** üben; **er**/**sie**/**es**/**ihr** übt/übt; **du** übst

11 Heute kommen Tante Julia und Onkel Max, denn Anna hat Geburtstag. Um 3 Uhr klingeln sie. Annas Mutter sagt: „Kommt herein, **ihr** seid herzlich willkommen!" Onkel Max greift in die Tasche. Dann holt **er** das Geschenk heraus: ein neuer Fahrradhelm! Anna ruft: „Genau den wollte **ich** haben! Onkel Max, **du** weißt genau, was **mir** gefällt." Onkel Max erklärt: „Weißt du, **wir** haben **ihn** gekauft, weil deine Mama **uns** den Tipp gab. Denn **sie** kennt **dich** doch am allerbesten!"

12 → Es ist **meine** Maus.
→ Sie ist **deine** Katze.
→ Es ist **sein** Bumerang.
→ Es ist **unser** Auto.
→ Es ist **seine** Entscheidung.
→ Es war **euer** Wunsch.
→ Es ist jetzt **dein** Buch.

13

14 Selim geht in die 3. Klasse. **Er** spricht Deutsch und Türkisch. **Seine** Eltern kommen aus der Türkei, aber **seine** ganze Familie lebt hier. **Er** hat viele Freunde, die gerne mit **ihm** spielen. **Sein** bester Freund Leon fragt **ihn** oft, wie ein Wort in **seiner** Sprache heißt. Statt „Guten Morgen" sagt **er** auf Türkisch „Günaydın". Im Sommer fahren **sie** zusammen in die Türkei.

15

H	E	L	F	E	N	S	P	X	R	E	V	B	E	L
Ö	D	U	I	J	A	C	K	E	G	S	K	R	X	P
R	E	N	N	E	N	H	T	S	V	S	E	O		
E	X	H	D	Y	K	N	O	P	F	E	P	T		
N	A	G	E	L	G	E	W	I	N	N	E	N		
S	W	A	N	Z	U	E	P	E	T	E				
S	T	E	W	J	Z	P	U	L	B	N				
T	H	A	U	S	C	U	A	E						
B	E	R	L	E	R	N	E	N						

Verben (Tunwörter): helfen, spielen, hören, rennen, finden, schreiben, essen, gewinnen, lernen

Nomen (Namenwörter): Schnee, Nagel, Knopf, Jacke, Brot, Haus (können auch Nomen sein: (das Mittag-)**Essen**, (das Auto-)**Rennen**)

16

Grundform		leben	**lesen**	**werfen**	**fangen**
Einzahl	ich	lebe	**lese**	**werfe**	**fange**
	du	lebst	liest	**wirfst**	**fängst**
	er/sie/es	**lebt**	**liest**	**wirft**	fängt
Mehrzahl	wir	**leben**	**lesen**	werfen	**fangen**
	ihr	**lebt**	**lest**	**werft**	fangt
	sie	**leben**	lesen	**werfen**	**fangen**

17 Ich **gehe** in die Schule. Wir **singen** ein Lied. Lisa **spielt** auf der Flöte dazu. Die ganze Klasse **klatscht** in die Hände. Nick **trommelt** im Takt. Frau Keller **zeigt** uns Bewegungen, damit wir dazu **tanzen** können. Ich **drehe** mich ganz schnell. Das **macht** mir Spaß!

18 gut, helfen, blau, frisch, klatschen, lustig, ordnen, kalt, teuer, lachen, bitte, hoch, geben, neu, wild, Ball, lernen, nass, und, mutig, leider, leise, oder, für, wollen, Papagei

19

Die Rose ist rot. → die **rote Rose**
Die Torte ist **süß**. → **die süße Torte**
Der Ball ist **rund**. → **der runde Ball**
Der Zwerg ist **winzig**. → **der winzige Zwerg**
Der Elefant ist **groß**. → **der große Elefant**
Der Papagei ist **bunt**. → **der bunte Papagei**

20

weiß	traurig
froh	schwarz
klug	fleißig
faul	jung
alt	dumm
rund	ängstlich
mutig	eckig
lang	langsam
schnell	weit
eng	nah
fern	kurz

hell → dunkel
hart → **weich**
hoch → **tief/niedrig**
nass → **trocken**
klein → **groß**
warm → **kalt**
falsch → **richtig**
früh → **spät**
dick → **dünn**
viel → **wenig**
laut → **leise**

21 Tim und Tom liegen morgens noch lange im Bett.
Tim flüstert leise zu seinem Bruder:
„Du, ich glaube, wenn Mutti uns nicht weckt,
dann kommen wir noch zu spät in die Schule.“

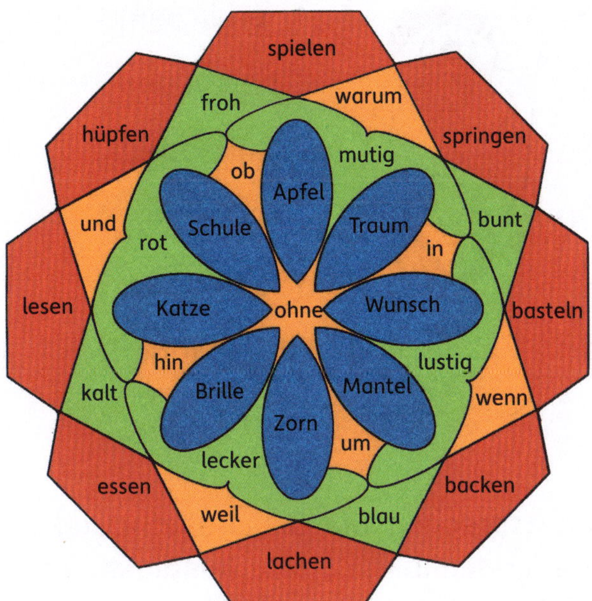

spielen
hüpfen
froh
warum
springen
ob
mutig
Apfel
und
Schule
Traum
bunt
rot
in
lesen
Katze
ohne
Wunsch
basteln
hin
lustig
kalt
Brille
Mantel
wenn
Zorn
um
lecker
essen
backen
weil
blau
lachen

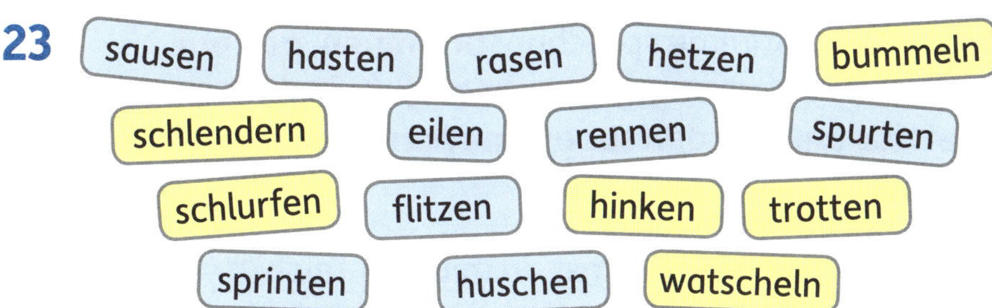

sausen
hasten
rasen
hetzen
bummeln
schlendern
eilen
rennen
spurten
schlurfen
flitzen
hinken
trotten
sprinten
huschen
watscheln

löffeln
nagen
naschen
schlürfen
verspeisen
schlecken
nippen
knabbern

25

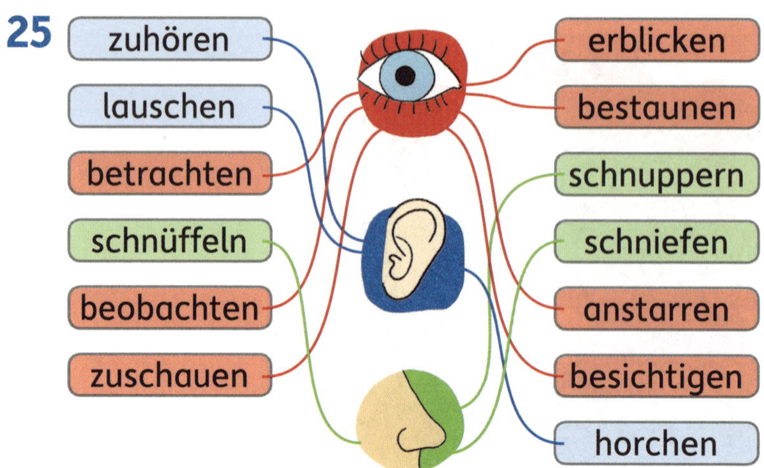

26 mit hoher Stimme sprechen: **piepsen**, **fiepen**, **quieken**
eine Frage stellen: **nachhaken**, **sich erkundigen**, **fragen**
etwas laut sagen: **brüllen**, **rufen**, **schreien**
etwas leise sagen: **flüstern**, **wispern**
mit tiefer Stimme sprechen: **brummen**, **poltern**
etwas fröhlich sagen: **jauchzen**, **jubeln**, **lachen**
etwas unzufrieden sagen: **meckern**, **jammern**

27 Tom fragt Mia: „Kommst du mit zum Teich?"
„Na klar!", **antwortet** Mia. „Vielleicht sind aus den Kaulquappen schon Frösche geworden", **meint** sie und **erklärt**: „Es dauert drei Monate, bis sie Beine haben und den Schwanz verlieren."
„Wir nehmen die Abkürzung über den Bach", **bestimmt** Tom. Mia **jammert**: „Über den wackeligen Baumstamm traue ich mich nicht." Aber Tom balanciert schon los. Doch dann **stottert** er: „Da-da-as ist viel-ll-leicht ru-uu-utschig hier!"
Platsch! Tom landet im Wasser. „Hilfe!", **schreit** er laut. „Bitte zieh mich hier raus!" Mia **beruhigt** ihn: „Warte!

Ich helfe dir.“ Tom **dankt** Mia: „Du hast mich gerettet!“ „Sieh mal“, **flüstert** Mia, „wer da auf dein Bein gehopst ist!“ „Hallo, du!“, **begrüßt** Tom den kleinen Frosch.

28 Fußballspiel, Brettspiel, Spielbrett, **Kartenspiel**, **Spielkarten**, **Spielgeld**, **Spielfeld**, **Feldspiel**, **Spielplatz**

Hausschlüssel, **Fahrradschlüssel**, **Schraubenschlüssel**, **Schlüsselloch**, **Autoschlüssel**, **Schlüsselanhänger**

29

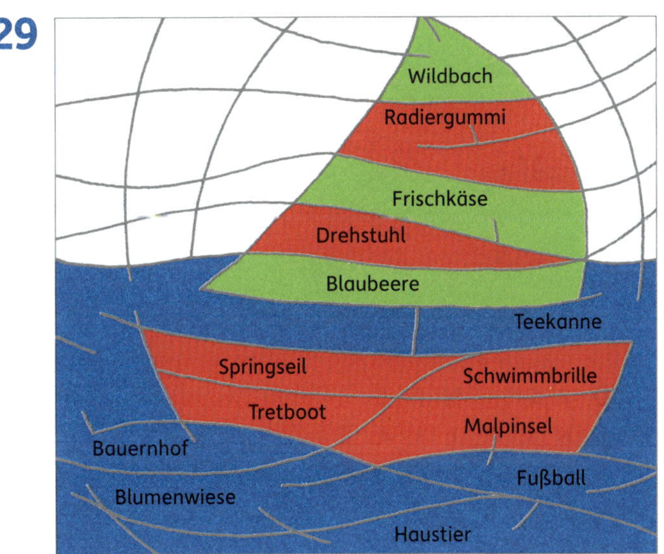

30

rabenschwarz,
glasklar,
kerzengerade,
blitzschnell,
eiskalt,
messerscharf

31

hochbegabt	**hoch** + begabt
spiegelglatt	**Spiegel** + glatt
hundemüde	↑ **Hunde** + müde
bitterkalt	**bitter** + kalt
lernfähig	**lernen** + fähig
strohblond	**Stroh** + blond
staubtrocken	**Staub** + trocken
klatschnass	**klatschen** + nass
stinkfaul	**stinken** + faul
stockdunkel	**Stock** + dunkel
apfelgrün	**Apfel** + grün
hellblau	**hell** + blau
dunkelrot	**dunkel** + rot
federleicht	**Feder** + leicht

32

1 B A D E W **A** N N E
2 S O N N E N B **R** I L L E
3 W O L L **M** Ü T Z E
4 H I M M E L **B** L A U
5 G U R K E N S **A** L A T
6 G R A S G R Ü **N**
7 K U G E L R U N **D**
8 F E **U** E R R O T
9 F E R I E N **H** A U S
10 K I N D E **R** Z I M M E R

→ A R M B A N D U H R

33

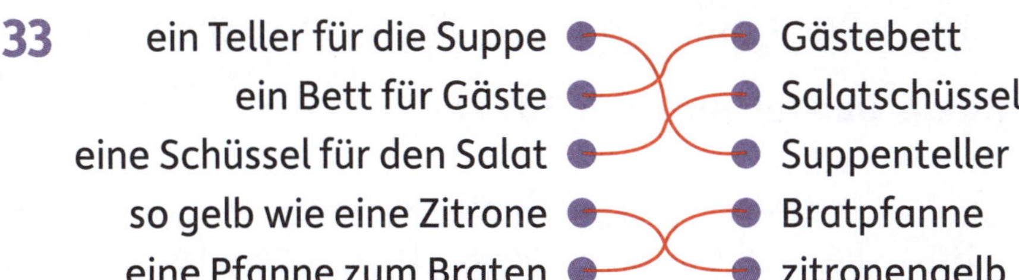

34

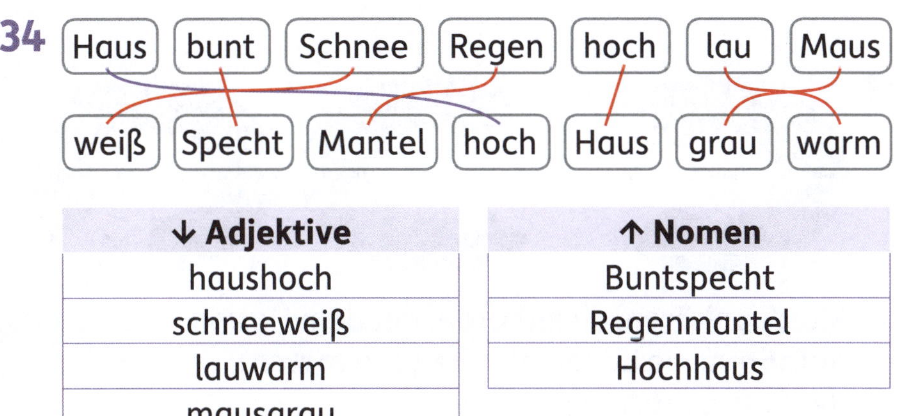

↓ Adjektive
haushoch
schneeweiß
lauwarm
mausgrau

↑ Nomen
Buntspecht
Regenmantel
Hochhaus

35

die Bauernhoftiere, **die Geisterbahnfahrt**, **der Sonnenschirmständer**, **das Leberwurstbrot**, **der Haustürschlüssel**

36

Kä-se, **But-ter**, **Ku-chen**, **Tor-te**

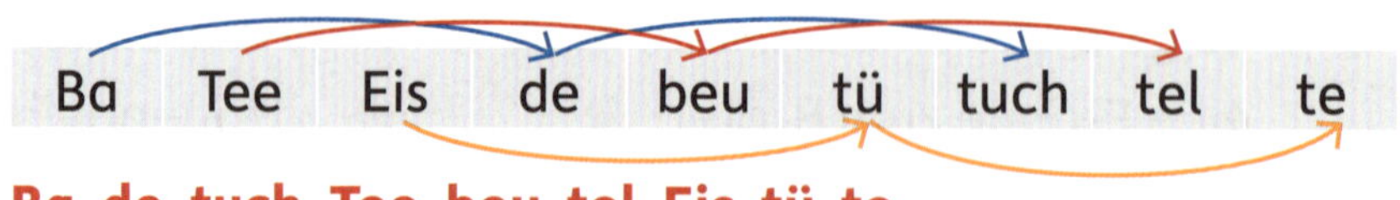

Ba-de-tuch, **Tee-beu-tel**, **Eis-tü-te**

37

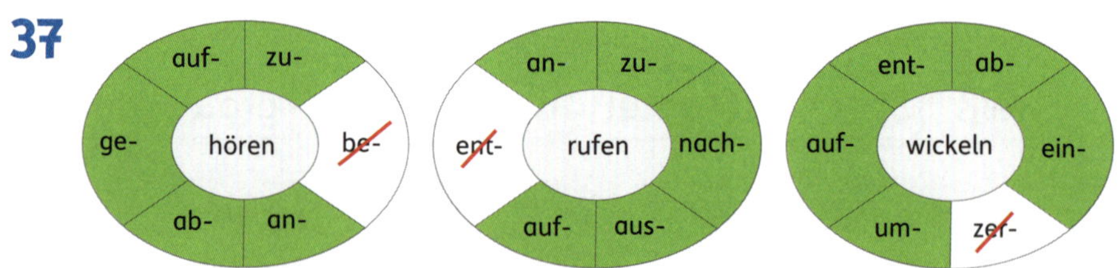

Musik **anhören**, dir **zuhören**, mit dem Unsinn **aufhören**, die Lunge **abhören** (beim Arzt), der Stift **gehört** mir

eine Neuigkeit **ausrufen**, einer Person etwas **zurufen**, einem Gehenden etwas **nachrufen**, mit dem Telefon **anrufen**, einen Schüler **aufrufen**

eine Fähigkeit/Idee **entwickeln**, Geschenkband **abwickeln**, etwas in Papier **einwickeln**, das Kabel **aufwickeln**, etwas mit Klebeband **umwickeln**

38 abstehen, abstellen, ablassen, ablesen, abhalten, abholen, abgehen ...
aufstehen, aufstellen, auflassen, auflesen, aufbrauchen, aufhalten, aufholen, aufgehen ...
verstehen, verstellen, verlassen, verlesen, verbrauchen, verhalten, vergehen ...
anstehen, anstellen, anlassen, anhalten, angehen, anfassen, angeben, anschreien ...

39 „Kann man auch **be**straft werden, wenn man gar nichts **ge**macht hat?“, **er**kundigt sich Karlchen bei der Lehrerin. Die Lehrerin **er**klärt: „Nein, Karlchen, wer nichts Schlimmes macht, hat nichts zu **be**fürchten.“ „Dann bin ich ja **be**ruhigt“, kann Karlchen nun **ver**gnügt **zu**geben, „ich habe nämlich die Hausaufgaben **ver**gessen.“

40

41

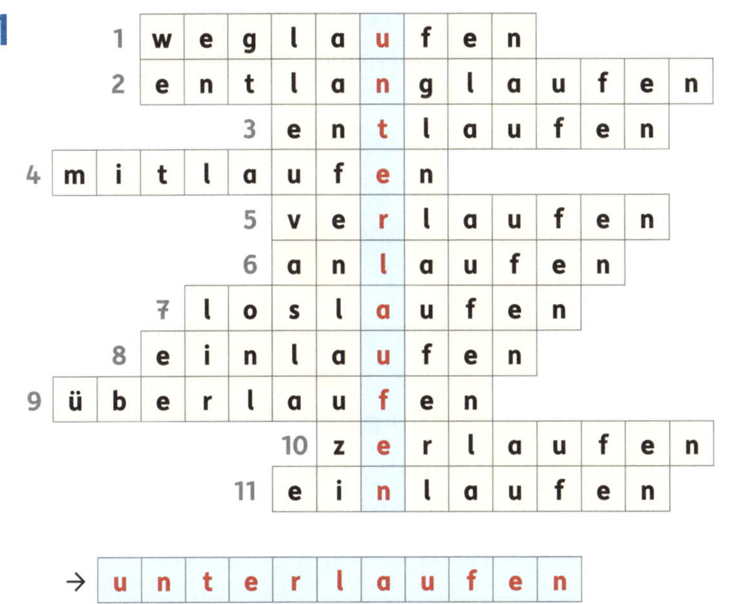

1			w	e	g	l	a	u	f	e	n				
2			e	n	t	l	a	n	g	l	a	u	f	e	n
3						e	n	t	l	a	u	f	e	n	
4	m	i	t	l	a	u	f	e	n						
5						v	e	r	l	a	u	f	e	n	
6						a	n	l	a	u	f	e	n		
7				l	o	s	l	a	u	f	e	n			
8			e	i	n	l	a	u	f	e	n				
9	ü	b	e	r	l	a	u	f	e	n					
10							z	e	r	l	a	u	f	e	n
11							e	i	n	l	a	u	f	e	n

→ u n t e r l a u f e n

42

nicht glücklich	unglaublich
nicht geduldig	unglücklich
nicht zu glauben	ungeduldig
ohne Absicht	Ungeheuer
Sturm, Regen, Gewitter	unabsichtlich
schreckliches Wesen	ununterbrochen
ohne Pause, pausenlos	Unwetter
nicht sicher	unwichtig
ungewollter Schaden	Unfall
nicht wichtig	unsicher

43

44 Eine **Vor**silbe **ver**ändert oft die **Be**deutung.
Zum Beispiel kann der Lehrer eine Hausaufgabe **auf**geben, die ich morgen **ab**geben muss.
Du kannst dein Geld **aus**geben oder **her**geben.
Wenn ich meinen Fehler **zu**gebe, werden wir uns **be**stimmt wieder **ver**tragen.

45

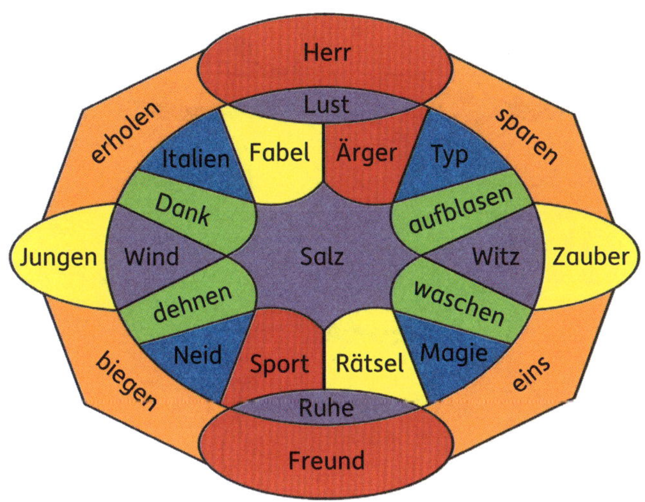

46

-lich	-isch	-bar
ärgerlich	magisch	dehnbar
herrlich	**italienisch**	**aufblasbar**
sportlich	**typisch**	**waschbar**
freundlich	**neidisch**	**dankbar**

-sam	-haft	-ig
einsam	jungenhaft	salzig
biegsam	**fabelhaft**	**lustig**
erholsam	**zauberhaft**	**windig**
sparsam	**rätselhaft**	**witzig**
		ruhig

47

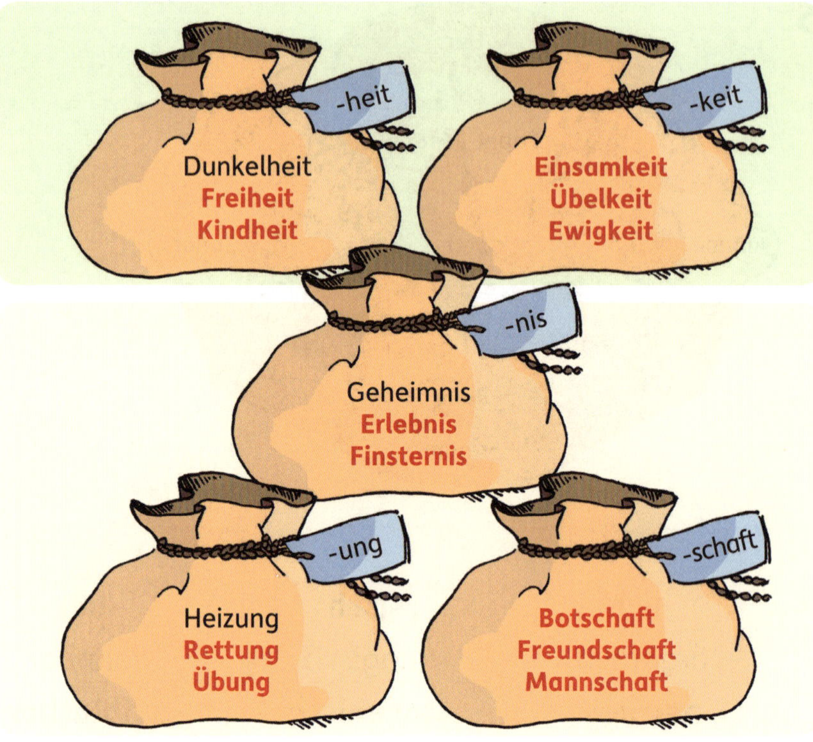

48

der Hund	der Mann
das Hündchen	**das Männchen**
das Hündlein	**das Männlein**

die Katze	die Nase
das Kätzchen	**das Näschen**
das Kätzlein	**das Näslein**

die Maus	der Fuß
das Mäuschen	**das Füßchen**
das Mäuslein	**das Füßlein**

der Vogel	das Heft
das Vögelchen	**das Heftchen**
das Vöglein	**das Heftlein**

Verlagsprogramm

Praxiserprobte Lernhilfen für Vorschule, Grundschule und Sekundarstufe 1

Unsere Titel im Überblick

Kindergarten/Vorschule

EXPL.	NR.	BUCHTITEL, ALTERSSTUFE/KLASSENSTUFE
	601	**Malblock Indianer, Ritter und Piraten** ab 3 J. ISBN 978-3-88100-601-9 · 3,90 EUR · DIN-A5-Malblock
	602	**Malblock Märchen und Zauberei** ab 3 J. ISBN 978-3-88100-602-6 · 3,90 EUR · DIN-A5-Malblock
	603	**Malblock Notarzt, Polizei u. Feuerwehr** ab 3 J. ISBN 978-3-88100-603-3 · 3,90 EUR · DIN-A5-Malblock
	604	**Malblock Pferde** ab 3 J. ISBN 978-3-88100-604-0 · 3,90 EUR · DIN-A5-Malblock
	605	**Malblock Tiere im Zoo** ab 3 J. ISBN 978-3-88100-605-7 · 3,90 EUR · DIN-A5-Malblock
	611	**Schulreife fördern** VS/1 ISBN 978-3-88100-611-8 · 6,40 EUR · DIN-A5-Heft
	612	**Sprache entdecken** VS/1 ISBN 978-3-88100-612-5 · 6,40 EUR · DIN-A5-Heft
	613	**Zahlen entdecken** VS/1 ISBN 978-3-88100-613-2 · 6,40 EUR · DIN-A5-Heft
	614	**Unsere vier Jahreszeiten** VS/1 ISBN 978-3-88100-614-9 · 6,40 EUR · DIN-A5-Heft
	615	**Rund um meinen Körper** VS/1 ISBN 978-3-88100-615-6 · 6,40 EUR · DIN-A5-Heft
	621	**Formen, Farben, Fehler finden** ab 4 J. ISBN 978-3-88100-621-7 · 4,90 EUR · DIN-A5-Block
	622	**Verbinden, vergleichen, Fehler finden** ab 4 J. ISBN 978-3-88100-622-4 · 4,90 EUR · DIN-A5-Block
	623	**Konzentration und Wahrnehmung** ab 5 J. ISBN 978-3-88100-623-1 · 4,90 EUR · DIN-A5-Block
	624	**Logisches Denken, Rätseln u. Knobeln** ab 5 J. ISBN 978-3-88100-624-8 · 4,90 EUR · DIN-A5-Block
	625	**Fit zum Schuleintritt** ab 5 J. ISBN 978-3-88100-625-5 · 4,90 EUR · DIN-A5-Block

Mathematik

EXPL.	NR.	BUCHTITEL, KLASSENSTUFE
	019	**Textaufgaben** 4 ISBN 978-3-88100-019-2 · 6,40 EUR · DIN-A5-Heft
	024	**Bruchrechnen** Addition/Subtraktion 6–9 ISBN 978-3-88100-024-6 · 6,40 EUR · DIN-A5-Heft
	044	**Flächenberechnung** Rechteck/Quadrat 6–9 ISBN 978-3-88100-044-4 · 6,40 EUR · DIN-A5-Heft
	052	**Textaufgaben** 2 ISBN 978-3-88100-052-9 · 6,40 EUR · DIN-A5-Heft
	053	**Textaufgaben** 3 ISBN 978-3-88100-053-6 · 6,40 EUR · DIN-A5-Heft
	060	**Textaufgaben** Mittel-/Hauptschule 5 ISBN 978-3-88100-060-4 · 6,40 EUR · DIN-A5-Heft
	065	**Prozentrechnen** 6–9 ISBN 978-3-88100-065-9 · 6,40 EUR · DIN-A5-Heft
	071	**Mathe trainieren** 1 ISBN 978-3-88100-071-0 · 6,40 EUR · DIN-A5-Heft
	072	**Mathe trainieren** 2 ISBN 978-3-88100-072-7 · 6,40 EUR · DIN-A5-Heft
	073	**Mathe trainieren** 3 ISBN 978-3-88100-073-4 · 6,40 EUR · DIN-A5-Heft
	074	**Mathe trainieren** 4 ISBN 978-3-88100-074-1 · 6,40 EUR · DIN-A5-Heft
	155	**Rechnen und Textaufgaben** Gymnasium 5 ISBN 978-3-88100-155-7 · 6,40 EUR · DIN-A5-Heft
	165	**Rechnen und Texta** ISBN 978-3-88100-165-6 ·
	651	**Mathe auf dem Bau** ISBN 978-3-88100-651-4 ·
	652	**Einmaleins** 2/3 ISBN 978-3-88100-048-2
	653	**Mathe** Lernen mit Fr ISBN 978-3-88100-653-8
	082	**Tests in Mathe,** Lerr ISBN 978-3-88100-082-6
	083	**Tests in Mathe,** Lerr ISBN 978-3-88100-083-3
	084	**Tests in Mathe,** Lerr ISBN 978-3-88100-084-0

Lernspaß

EXPL.	NR.	BUCHTITEL, KLASSENSTU
	661	**Quer durch die 1. Kl** ISBN 978-3-88100-661-3 ·
	662	**Quer durch die 2. Kl** ISBN 978-3-88100-662-0 ·
	663	**Quer durch die 3. Kl** ISBN 978-3-88100-663-7 ·
	664	**Quer durch die 4. Kl** ISBN 978-3-88100-664-4 ·
	673	**Quer durch die 3. Kl** ISBN 978-3-88100-673-6 ·

Deutsch

EXPL.	NR.	BUCHTITEL, KLASSENSTU
	212	**Grammatik** 1/2 ISBN 978-3-88100-212-7 ·
	213	**Grammatik** 3 ISBN 978-3-88100-213-4 ·
	214	**Grammatik** 4 ISBN 978-3-88100-214-1 ·
	215	**Grammatik** 5–7 ISBN 978-3-88100-215-8 ·
	221	**Aufsatz** 2 ISBN 978-3-88100-221-9 ·
	222	**Aufsatz** 3 ISBN 978-3-88100-222-6 ·
	223	**Aufsatz** 4 ISBN 978-3-88100-223-3 ·
	224	**Bildergeschichte** 4/ ISBN 978-3-88100-224-0 ·
	225	**Erlebniserzählung** 4 ISBN 978-3-88100-225-7 ·
	226	**Bericht** 5–7 ISBN 978-3-88100-226-4 ·
	228	**Inhaltsangabe** 7–9 ISBN 978-3-88100-228-8 ·
	230	**Erörterung** 8–11 ISBN 978-3-88100-230-1 ·
	243	**Diktate** 3/4 ISBN 978-3-88100-243-1 ·
	245	**Diktate** 5/6 ISBN 978-3-88100-245-5 ·
	251	**Rechtschreiben** 1 ISBN 978-3-88100-251-6 ·
	242	**Rechtschreiben und** ISBN 978-3-88100-242-4 ·

n Realschule 5 lieferbar ab August '17
R · DIN-A5-Heft

f 1
R · DIN-A5-Heft

R · DIN-A5-Heft

3
R · DIN-A5-Heft

ntrollen 2 lieferbar ab Juli '17
R · DIN-A4-Heft

ntrollen 3
R · DIN-A4-Heft

ntrollen 4
R · DIN-A4-Heft

Mathe u. Deutsch
R · DIN-A5-Übungsblock

Mathe u. Deutsch lieferbar ab Oktober '17
R · DIN-A5-Übungsblock

Mathe u. Deutsch
R · DIN-A5-Übungsblock

Mathe u. Deutsch lieferbar ab Oktober '17
R · DIN-A5-Übungsblock

- Englisch lieferbar ab August '17
R · DIN-A5-Übungsblock

R · DIN-A5-Heft

R · DIN-A5-Heft

R · DIN-A5-Heft

R · DIN-A5-Heft

R · DIN-A5-Heft

R · DIN-A5-Heft

R · DIN-A5-Heft

R · DIN-A5-Heft

R · DIN-A5-Heft

R · DIN-A5-Heft

R · DIN-A5-Heft

R · DIN-A5-Heft

R · DIN-A5-Heft

R · DIN-A5-Heft

R · DIN-A5-Heft

te 2
R · DIN-A5-Heft

253 **Rechtschreiben und Diktate** 3
ISBN 978-3-88100-253-0 · 6,40 EUR · DIN-A5-Heft

254 **Rechtschreiben und Diktate** 4
ISBN 978-3-88100-254-7 · 6,40 EUR · DIN-A5-Heft

260 **Rechtschreibtraining** ab 5
ISBN 978-3-88100-046-8 · 6,40 EUR · DIN-A5-Heft

261 **Zeichensetzung** ab 6
ISBN 978-3-88100-047-5 · 6,40 EUR · DIN-A5-Heft

271 **Besser lesen** 1
ISBN 978-3-88100-271-4 · 6,40 EUR · DIN-A5-Heft

272 **Besser lesen** 2
ISBN 978-3-88100-272-1 · 6,40 EUR · DIN-A5-Heft

273 **Besser lesen** 3
ISBN 978-3-88100-273-8 · 6,40 EUR · DIN-A5-Heft

274 **Besser lesen** 4
ISBN 978-3-88100-274-5 · 6,40 EUR · DIN-A5-Heft

282 **Tests in Deutsch,** Lernzielkontrollen 2 lieferbar ab Juli '17
ISBN 978-3-88100-282-0 · 9,90 EUR · DIN-A4-Heft

283 **Tests in Deutsch,** Lernzielkontrollen 3
ISBN 978-3-88100-283-7 · 9,90 EUR · DIN-A4-Heft

284 **Tests in Deutsch,** Lernzielkontrollen 4
ISBN 978-3-88100-284-4 · 9,90 EUR · DIN-A4-Heft

294 **Lesetests in Deutsch,** Lernzielkontrollen 4 lieferbar ab Juli '17
ISBN 978-3-88100-294-3 · 9,90 EUR · DIN-A4-Heft

Englisch

EXPL. NR. BUCHTITEL, KLASSENSTUFE

301 **Present: Progressive & Simple** 5
ISBN 978-3-88100-301-8 · 6,40 EUR · DIN-A5-Heft

303 **Frage und Verneinung** 6
ISBN 978-3-88100-303-2 · 6,40 EUR · DIN-A5-Heft

305 **Simple Past und Present Perfect** 6
ISBN 978-3-88100-305-6 · 6,40 EUR · DIN-A5-Heft

311 **Mein buntes Vokabelheft** 3/4
ISBN 978-3-88100-045-1 · 6,40 EUR · DIN-A5-Heft

321 **Wichtige Grammatikbereiche** 5
ISBN 978-3-88100-321-6 · 6,40 EUR · DIN-A5-Heft

322 **Wichtige Grammatikbereiche** 6
ISBN 978-3-88100-322-3 · 6,40 EUR · DIN-A5-Heft

341 **Diktate und Übersetzungen** 5
ISBN 978-3-88100-341-4 · 6,40 EUR · DIN-A5-Heft

342 **Diktate und Übersetzungen** 6
ISBN 978-3-88100-342-1 · 6,40 EUR · DIN-A5-Heft

Für Wünsche, Anregungen, Adresse bei Bestellungen:

	Preiskat. 1	Preiskat. 2	Preiskat. 3	Preiskat. 4
Deutschland (Buchpreisbind.)	**3,90 EUR**	**4,90 EUR**	**6,40 EUR**	**9,90 EUR**
Österreich (Buchpreisbind.)	4,00 EUR	5,00 EUR	6,60 EUR	10,20 EUR
Schweiz (unverb. Preisempf.)	4,50 CHF	5,60 CHF	7,40 CHF	11,40 CHF

Über 40 Jahre Erfahrung

Mit Hauschka-Lernhilfen können Schüler **selbstständig lernen** und **unterrichtsrelevante Aufgaben üben**. Der Stoff ist immer in übersichtliche Abschnitte unterteilt, so dass die Kinder in kleinen Schritten von leichten zu schwierigeren Problemen vordringen können.

Zu jeder Aufgabe gibt es den vollständigen Lösungsweg mit ausführlichen Erklärungen in einem **herausnehmbaren Lösungsteil**.

Mit eingeschobenen Tests lässt sich die **Lernentwicklung laufend überprüfen**. Hauschka-Lernhilfen sind seit über 40 Jahren in der Praxis erprobt und besonders gut verständlich: Vielseitig kann Gelerntes aufgefrischt und Versäumtes nachgeholt werden. Vor allem dienen die Übungsprogramme einer gezielten **Vorbereitung auf Klassenarbeiten**, **Prüfungen** und **den Übertritt**. Außerdem eignen sie sich sehr gut für die **Freiarbeit** im Unterricht.

Unsere Lernhilfen sind **schulartunabhängig** und nach Themenbereichen und Klassenstufen gegliedert.

Jetzt Newsletter abonnieren und profitieren von ...

- passgenauen Informationen zu Neuerscheinungen,
- dem aktuellen PDF-Prospekt,
- Informationen zu Aktionen und Angeboten,
- ca. zehn Mails im Jahr

Einfach anmelden unter hauschkaverlag.de/kontakt

Für eine bessere Welt

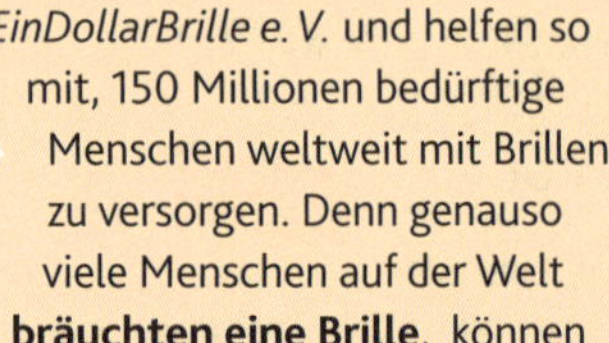

ISBN 978-3-88100-700-9
3,90 EUR (D) · 4,00 EUR (A)
5,00 CHF · DIN-A5-Heft

Für jedes Hausaufgabenheft **spenden wir einen US-Dollar** an die Organisation *EinDollarBrille e. V.* und helfen so mit, 150 Millionen bedürftige Menschen weltweit mit Brillen zu versorgen. Denn genauso viele Menschen auf der Welt **bräuchten eine Brille**, können sich aber keine leisten. Sie können nicht lernen, nicht arbeiten und nicht für ihre Familien sorgen.

Der Erlanger Lehrer Martin Aufmuth hat dafür die sogenannte ***EinDollarBrille* entwickelt**: Sie besteht aus einem leichten, flexiblen Federstahlrahmen und vorgefertigten Polycarbonatlinsen. Die *EinDollarBrille* kann von den Menschen vor Ort selbst hergestellt, angepasst und verkauft werden. Der **Materialpreis** liegt bei **rund einem US-Dollar** (www.eindollarbrille.de).

Der interaktive Komma-Trainer fürs iPad ist da!

Für Schüler ab der 6. Klasse und Erwachsene

Jetzt im Apple iBookstore für 4,99 € herunterladen und die Kommaregeln effektiv trainieren.

Hauschka Verlag · Inhaber: Thomas Wolf
Lilienthalstraße 1 · 82178 Puchheim
Telefon +49 89 1416013 · Fax +49 89 1416015
info@hauschkaverlag.de · **www.hauschkaverlag.de**

49 **Das Wetter …**

… Wochenende. Es bleibt zunächst wind**ig**. Der Samstag **be**ginnt noch ein bis**schen** regner**isch**. Aber am **Nach**mittag hört es allmäh**lich** zu regnen auf. Die Bewölk**ung** wird lang**sam** weniger, bis kein Wölk**chen** mehr sicht**bar** ist. Das ist end**lich** eine tolle Gelegen**heit**, ein paar sonn**ige** Stunden zu **ge**nießen. Der Sonntag wird freund**lich** und **an**genehm warm, so dass einem Familien**aus**flug kein Hinder**nis** mehr im Wege steht. Ab Montag sind wieder neue Gewitter mög**lich**. **Ver**bringen Sie also **vor**her noch viel Zeit draußen und lassen Sie sich vom herr**lichen** Sonnenschein **ver**wöhnen.

50

zufrieden	-keit	**die Zufriedenheit**
überraschen	-heit	**die Überraschung**
klug	-ung	**die Klugheit**
wandern	-nis	**die Wanderung**
hindern	-heit	**das Hindernis**
fröhlich	-ung	**die Fröhlichkeit**

51

un	trau	bar	**unbrauchbar**
zu	brauch	lich	**zutraulich**
er	staun	ig	**erstaunlich**
vor	genieß	lich	**vorsichtig**
un	sicht	bar	**ungenießbar**

52

sprechen	Turmspringer	Abfahrt	Sprecher
Sprechblase	du springst	versprechen	Fahrrad
Busfahrer	Springbrunnen	springen	fahren

fahr	**Abfahrt** **Busfahrer**	**Fahrrad** **fahren**
sprech	**sprechen** **Sprechblase**	**versprechen** **Sprecher**
spring	**Turmspringer** **Springbrunnen**	**du springst** **springen**

53

du springst | sie fuhr | er sprach
Sprungbrett | gesprochen | Fahrschein
Sprache | Spruch | sie spricht | gesprungen
Gespräch | er fährt | ich sprang | Fähre

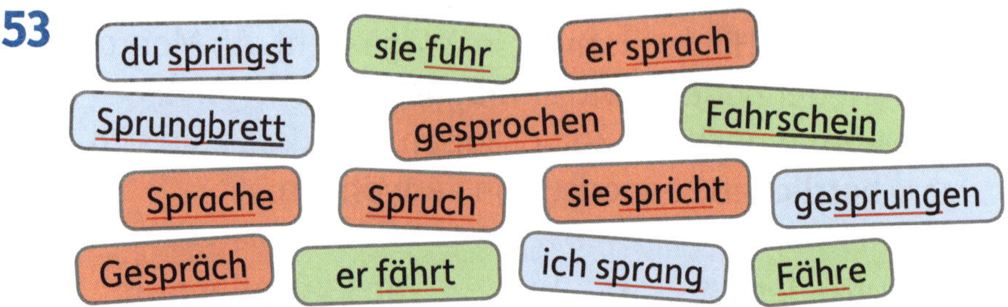

Die Wörter **Sprungbrett** und **Fahrschein** sind zusammengesetzte Wörter. Sie haben damit zwei Wortstämme und gehören jeweils zu zwei verschiedenen Wortfamilien.

54

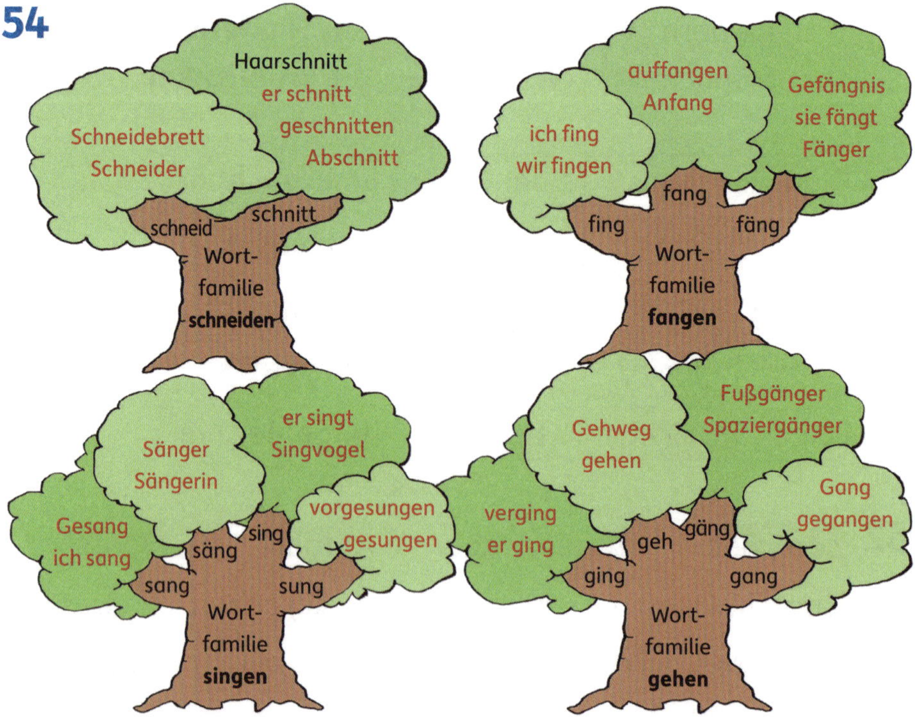
Haarschnitt
er schnitt
geschnitten
Abschnitt
Schneidebrett
Schneider
schneid
schnitt
Wort-
familie
schneiden
auffangen
Anfang
Gefängnis
sie fängt
Fänger
ich fing
wir fingen
fang
fing
fäng
Wort-
familie
fangen
er singt
Singvogel
Sänger
Sängerin
Gesang
ich sang
vorgesungen
gesungen
säng
sing
sang
sung
Wort-
familie
singen
Fußgänger
Spaziergänger
Gehweg
gehen
Gang
gegangen
verging
er ging
geh
gäng
ging
gang
Wort-
familie
gehen

55

backen	Kieselstein	einpacken
~~Verpackung~~	versteinern	Päckchen
Bäckerei	~~Felsbrocken~~	Gepäck
Backpapier	Steinmauer	~~Bäcker~~
Gebäck	steinig	zupacken

56 *flieg/flog/flug/flüg:* Flügel, **fliegen**, **geflogen**, **flog**, **Fliege**, **Fliegengitter**, **Fliegenklatsche**, **Flieger**, **Flugzeug**, **Fluglotse**, **Flugangst**, **Linienflug**, **Sturzflug** …

wasch/wusch/wäsch: Waschmaschine, **Wäsche**, **Wäscheklammer**, **Wäscheleine**, **Wäschekorb**, **waschen**, **abwaschen**, **auswaschen**, **wegwaschen**, **wusch** …

trag/träg/trug: Tragetasche, **Tragegurt**, **tragen**, **wegtragen**, **Vertrag**, **nachtragen**, **herumtragen**, **auftragen**, **Auftrag**, **Träger**, **Gepäckträger**, **Hosenträger**, **trug**, **Trugschluss**, **Betrug** …

57

Maler Malblock ausmalen ~~kunterbunt~~ angemalt
Braunbär bräunen ~~brummen~~ rehbraun bräunlich
Zeitungsleser ~~Zettel~~ ich las leserlich Lies! ~~leise~~

58

Nomen	Verb	Adjektiv	Nomen
Maler	**malen**	farbig	**Farbe**
Tanz	tanzen	**groß**	Größe
Pfiff	**pfeifen**	freundlich	**Freund(schaft)**
Koch	kochen	**eckig**	Ecke

59

Schnitzeljagd Bleistift schreiben
Kugelschreiber Beschreibung Verbot Jäger
Angebot verbieten Jagdhütte Bitte
geschrieben Darbietung verjagen

60

laufen	→	ich bin **gelaufen**	er ist **gelaufen**
tragen	→	ich habe **getragen**	er **hat getragen**
rennen	→	ich **bin gerannt**	er **ist gerannt**
holen	→	**ich habe geholt**	**er hat geholt**
sagen	→	**ich habe gesagt**	**er hat gesagt**
gehen	→	**ich bin gegangen**	**er ist gegangen**

61

62 Mittags bin ich nach Hause gegangen, als mir plötzlich ein Elefant den Weg **versperrt hat**. Das Tier **hat** wütend **gestampft**. Da **habe** ich eine Idee **gehabt**! Ich **habe** meine Schultasche **geöffnet**. Der Elefant **hat** sich eine Banane **geschnappt** und sie **gefressen**. Nun **bin** ich zum Zoo **gewandert** und der Elefant **ist** hinterher**getrampelt**. Am Eingang **hat** uns der Direktor **empfangen**. Er **hat** sich **gefreut** und mir eine Jahreskarte für den Zoo **geschenkt**.

Mittags **ging** Elias nach Hause, als ihm plötzlich ein Elefant den Weg **versperrte**. Das Tier **stampfte** wütend. Da **hatte** Elias eine Idee! Er **öffnete** seine Schultasche. Der Elefant **schnappte** sich eine Banane und **fraß** sie. Nun **wanderte** Elias zum Zoo und der Elefant **trampelte** hinterher. Am Eingang **empfing** sie der Direktor. Er **freute** sich und **schenkte** Elias eine Jahreskarte für den Zoo.

63
→ Der König lachte.
→ Der Bauer **rannte**.
→ Ein Diener **schrie**.
→ Dornröschen **schlief**.
→ Rotkäppchen **ging** zur Großmutter.
→ Die Königin **fragte** den Spiegel.
→ Die Prinzessin **zog** sich an.
→ Die Hexe **ritt** auf dem Besen.
→ Der Zauberer **sprach** einen Zauberspruch.

64

65

Gegenwart	1. Vergangenheit	2. Vergangenheit
ich brauche	ich brauchte	ich habe gebraucht
wir malen	wir **malten**	wir haben gemalt
er putzt	er **putzte**	er hat geputzt
sie **bastelt**	sie bastelte	sie **hat gebastelt**
es **trocknet**	es trocknete	es ist getrocknet
ihr hört	ihr **hörtet**	ihr **habt gehört**
es **regnet**	es **regnete**	es hat geregnet
wir klopfen	wir **klopften**	wir **haben geklopft**
ich sehe	ich sah	**ich habe gesehen**
du springst	**du sprangst**	du bist gesprungen
sie schreibt	**sie schrieb**	**sie hat geschrieben**
er läuft	**er lief**	**er ist gelaufen**
ich singe	**ich sang**	ich habe gesungen
ihr gebt	ihr gabt	**ihr habt gegeben**
es riecht	**es roch**	**es hat gerochen**
sie tragen	sie trugen	**sie haben getragen**

66 *tragen:* er trägt, er trug, er hat getragen
gewinnen: er gewinnt, er gewann, er hat gewonnen
schreien: er schreit, er schrie, er hat geschrien
beginnen: er beginnt, er begann, er hat begonnen
biegen: er biegt, er bog, er hat gebogen
treffen: er trifft, er traf, er hat getroffen
schweigen: er schweigt, er schwieg, er hat geschwiegen
schimpfen: er schimpft, er schimpfte, er hat geschimpft
messen: er misst, er maß, er hat gemessen
verstehen: er versteht, er verstand, er hat verstanden

67

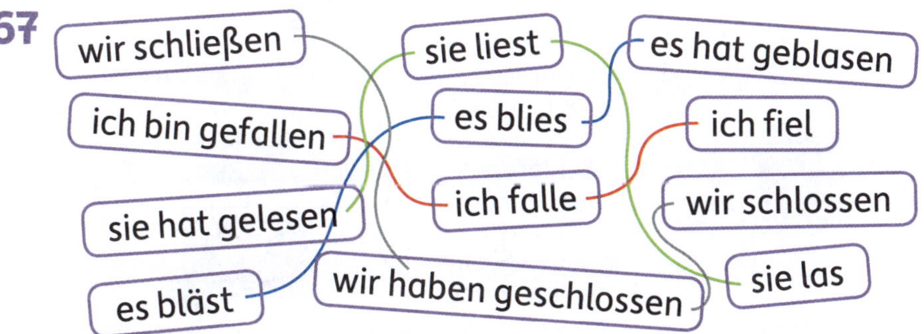

68 Paul sagt: „Ich habe **Tennis gespielt**."
Emma meint: „Ich **habe rechnen geübt**."
Yasemin erzählt: „Ich **habe einen Brief geschrieben**."
Felix **stand** im Tor und **hielt** den Ball.
Maja **verlor** ihre Kette. Später **fand** sie sie wieder.

69 Kennst du alle Bäume**?**
Stell dir vor, weltweit gibt es tausende Arten**!** **(. möglich)**
Niemand kann sie alle mit ihrem Namen nennen**.**
Bäume sind die allergrößten Pflanzen der Erde**!** **(. möglich)**
Einige werden mehrere hundert Jahre alt**.** **(! möglich)**
Unglaublich, das schafft kein anderes Lebewesen**!**

Kennst du dich auch mit den Jahresringen aus?
Sie können viel über das Leben des Baumes erzählen! (.)
Ihre Zahl sagt dir das Alter des Baumes.
Wann warst du das letzte Mal im Wald?
Oh, es ist so herrlich dort!

70

Aufforderungen brauchen nicht unbedingt ein Ausrufezeichen. Oft geht auch ein Punkt. Aber ein Ausrufezeichen bringt mehr Nachdruck.

71 Polly, der Papagei, will wissen, was du jetzt schon kannst.
Lies alle Aufgaben ganz genau! (auch . möglich)
Welche Frage kannst du ganz schnell beantworten?

72

73 Beispiele:
Die Katze springt auf den Tisch.
Springt die Katze auf den Tisch?

Papa liest ein spannendes Buch.
Liest Papa ein spannendes Buch?
Oma trinkt eine Tasse Tee.
Trinkt Oma eine Tasse Tee?
Kalle Kicker schießt noch ein Tor.
Schießt Kalle Kicker noch ein Tor?
Mama würzt das Essen mit Pfeffer.
Würzt Mama das Essen mit Pfeffer?

74 Ihrer Mama **gibt Maja eine Blume**.

Elias und Paul | spielen | jeden Montag | Fußball.

Spielen **Elias und Paul jeden Montag Fußball?**
Jeden Montag **spielen Elias und Paul Fußball.**

Kommt | ihr | am Wochenende | zu mir | zum Spielen?

Am Wochenende **kommt ihr zu mir zum Spielen.**
Zu mir **kommt ihr am Wochenende zum Spielen.**

75

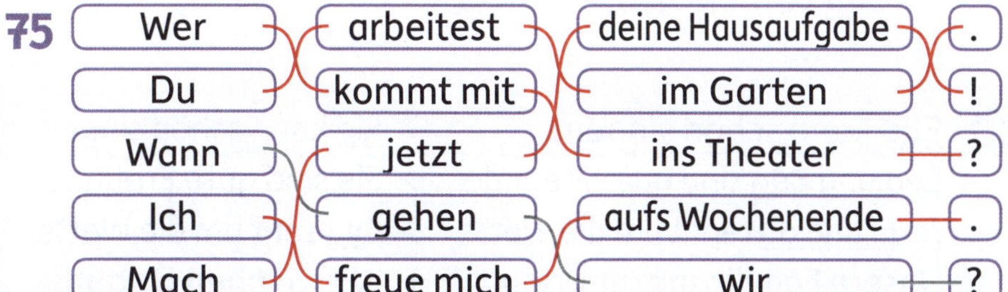

76 Es gibt viele Lösungen. Hier drei Beispiele:
Mia hat gestern ihre Handschuhe verloren.
Hat Mia gestern ihre Handschuhe verloren?
Mia hat ihre Handschuhe gestern verloren.

77

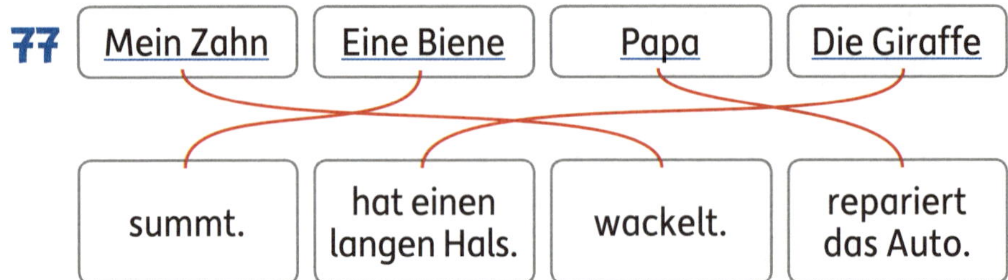

78 Der **Ball** rollt ins Tor.
Das Handy/**Telefon** klingelt.
Die Blume blüht.
Der Saft schmeckt …

79 Den Eintritt zahlt Mama.
Wer oder was **zahlt den Eintritt?**
Die Sonne scheint.
Wer oder was scheint?
Da brüllen die Löwen.
Wer oder was brüllt?
Die Fütterung beginnt um 15.00 Uhr.
Alle Zuschauer staunen.
Auch die Affen sind lustig.
Am Tor warten schon die Eltern.
Die Zeit verging heute schnell.

80

Ella kann schön singen.	→	Sie kann schön singen.
Lea und Ben sind gute Freunde.	→	Sie sind gute Freunde.
Jana und du rennt um die Wette.	→	Ihr rennt um die Wette.
Unsere Familie macht Urlaub.	→	Wir machen Urlaub.
Meine Eltern arbeiten.	→	Sie arbeiten.

81 Beispiele: Ich heiße … Ich mag … Ich wohne in …
Meine Hobbys sind … Mein bester Freund ist …

82 Ein Hamster braucht genug Platz im Käfig. Ihm gefällt **ein Laufrad**, denn **er** bewegt sich gern. **Das Futter** sollte immer frisch sein. **Gemüse** eignet sich gut. Aber auch Knabbereien mag **der Nager**. **Reste** müssen nach 24 Stunden entfernt werden. Regelmäßig solltest **du** den Käfig reinigen.

83 Am Donnerstag ab 15.00 Uhr feiern alle Lehrer, Eltern und Kinder unser Sommerfest. Die Klassen haben Spiele und Tänze vorbereitet. Unsere Tombola wartet mit tollen Preisen! Am Büffet werden Salate, Kuchen, Würstchen und Getränke verkauft. Die Schüler und das Team der Papageienschule freuen sich auf möglichst viele Besucher!

84 Der Junge **schaukelt**/**sitzt** auf der Schaukel.
Das Mädchen **rutscht**/**gleitet** die Rutsche hinunter.
Die Zwillinge **wippen**/**sitzen** auf der Wippe.
Der Hund **schnüffelt**/**schnuppert** am Boden.
Die Katze **klettert** auf den Baum.
Eine Mutter **sitzt** auf der Bank und **winkt**.

85

Das Glas ...		
wackelt	tanzt	kippt um
bricht	lacht	zerspringt

Der Käfer ...		
schlüpft	schreibt	fliegt
krabbelt	brummt	hustet

Das Auto ...		
schreit	hupt	bremst
schläft	steht	quietscht

Die Maus ...		
knabbert	fiept	frisst
schnüffelt	singt	fliegt

86 Jeder Papagei spielt gern. Natürlich fliegt er sehr gut. Er klettert aber auch ganz prima. Ohne Unterhaltung bekommt er schnell Langeweile. Das schadet ihm. Deshalb braucht ein Papagei viel Platz und Spielzeug. Er lebt auch nicht gern allein bei Menschen. Andere Artgenossen helfen ihm gegen die Einsamkeit. Diese Vögel erreichen ein Alter von bis zu 80 Jahren. Ein echter Tierfreund überlegt also sehr genau: Passt mein Zuhause zu einem Papagei?

87 Am Montag um 9 Uhr fährt der Bus mit der Klasse 3a ab. Nach einer Stunde **kommen** sie **an**. In den Zimmern **packen** die Kinder ihre Koffer **aus**. Nun **lernen** sie die Ponys **kennen**. Die Lehrerin **teilt** jedem ein Pony für die ganze Woche **zu**. Die Kinder **führen** die Ponys **spazieren**. Abends **schlafen** alle glücklich **ein** und **freuen sich** auf den nächsten Tag und die erste Reitstunde.

88 Die Kinder reiten in einer Reihe.
Reiten die Kinder in einer Reihe?

Bis zum Abendessen kommen wir wieder.
Kommen wir bis zum Abendessen wieder?

Im Stall helfen alle noch mit.
Helfen im Stall alle noch mit?

Danach essen wir gemeinsam.
Essen wir danach gemeinsam?

Morgen fahren wir nach Hause.
Fahren wir morgen nach Hause?

89 Ich überlege.
Freunde helfen. / Freunde reiten.
Wir reiten. / Wir helfen.
Ihr esst.
Du denkst nach.
Leyla läuft.

Hier gibt es sehr viele Möglichkeiten. Nur ein paar Beispiele:

Ich überlege mir eine Aufgabe für dich.
Freunde helfen dir, wenn du etwas nicht verstehst.
Wir reiten zusammen auf den Ponys um die Wette.
Ihr esst heute Spagetti mit Tomatensoße und Salat.
Du denkst über eine Lösung für diese Aufgabe nach.
Leyla läuft am Morgen schnell zur Schule.

90 Ein Mann | geht | ~~in die Pizzeria.~~
Er | bestellt | ~~eine große Pizza.~~
Der Kellner | fragt | ~~ihn:~~
„Soll | ich | ~~die Pizza~~ | ~~in vier oder acht Stücke~~ | schneiden?“
Der Mann | antwortet | ~~dem Kellner:~~
„Vier Stücke | reichen | ~~mir~~ | ~~auf jeden Fall.~~
~~Acht Stücke~~ | schaffe | ich | ~~niemals!“~~

91 1. Sofia ruft ihrem Vater aufgeregt zu:
2. „Heute hatte ich meine erste Reitstunde!
3. Soll ich dir gleich davon erzählen?
4. Sonst liest du es morgen in der Zeitung!“

92 Daniel und Emma **packen** ihre Brotzeit **ein**.
Sie **ziehen** ihre Jacken **an** und **steigen** in den Bus **ein**.
Heute **wird** er die ganze Klasse ins Schullandheim **bringen**.

93

bis sieben Uhr	aus dem Urlaub zurückkommen
seit drei Jahren	im Bett liegen bleiben
bis zum Winter	im Flugzeug sitzen
nach zwei Wochen	auf Weihnachten warten
vier Stunden lang	in die Schule gehen

(Verbindungen: bis sieben Uhr – im Bett liegen bleiben; seit drei Jahren – in die Schule gehen; bis zum Winter – auf Weihnachten warten; nach zwei Wochen – aus dem Urlaub zurückkommen; vier Stunden lang – im Flugzeug sitzen)

94

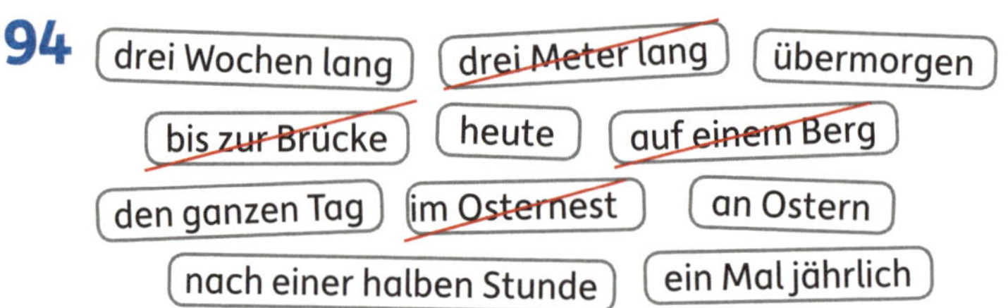

95

Annika	fährt	**täglich**	mit dem Bus	zur Schule.	Aber	
heute	zum Glück	nicht,	denn	**am Wochenende**		
ist	schulfrei	und	alle Kinder	bleiben	**zwei Tage lang**	
zu Hause.	**Erst übermorgen**	müssen	sie			
wieder pünktlich um 7.30 Uhr	an der Haltestelle	sein.				
Die nächsten Ferien	sind	**erst in drei Wochen.**	Annika			
wird	**jeden Morgen**	**mindestens bis 9 Uhr**				
ausschlafen	und	**danach**	**den ganzen Tag**			
nur Dinge	tun,	die	ihr	**stundenlang**	Spaß	machen!
Was	hast	du	**in den Ferien**	vor?		

Die Fragen **Wann ...?**, **Wie lange ...?**, **Wie oft ...?** helfen dir.

96 **5** meistens | **2** selten | **4** oft
6 immer | 1 nie | **3** manchmal

97 Im Sommer könnte ich ständig Eis essen,
aber im Winter habe ich selten Lust darauf.
Wenn der Bus etwas **später** kommt,
habe ich das Gefühl, er kommt **nie**!
Ich verstehe **meistens** gleich, was die Lehrerin
erklärt, aber **manchmal** muss ich nachfragen.
Hör **endlich** auf mit diesen Grimassen,
sonst muss ich **andauernd** lachen!

98

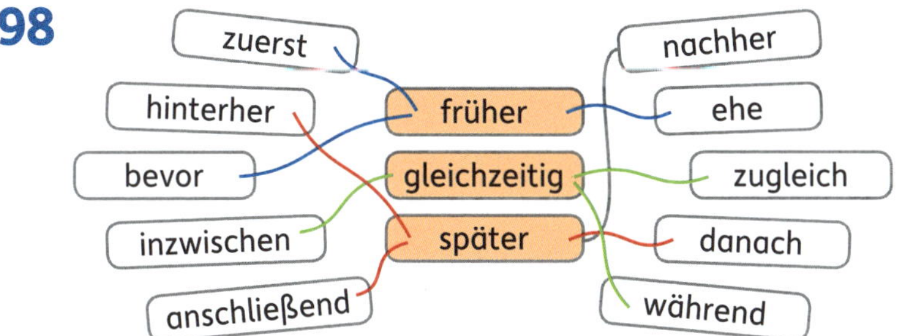

99 Felix ist aufgeregt, weil am Nachmittag sein Cousin Linus kommt. Sie sehen sich zwar fast jede Woche, aber heute bauen sie ein Baumhaus! Seit 3 Monaten haben sie täglich Bretter gesucht, damit es jetzt losgehen kann. Das Bauwerk wird toll! Am Wochenende dürfen sie sogar darin übernachten! Darauf freuen sie sich schon wochenlang, denn das haben beide noch nie gemacht.

100

2	vor einer Ewigkeit	6	jetzt	10	in einem Monat
5	gestern			7	heute Abend
4	vor ein paar Wochen			11	nach hundert Jahren
1	noch nie			8	übermorgen
3	letztes Jahr			9	nächste Woche

1	eine Sekunde	2	fünf Minuten	6	ewig
4	viele Wochen	5	jahrelang	3	12 Stunden

101 Zwei Hellseher treffen sich.
Der eine fragt: „Kommst du mit?"
Darauf sagt der andere: „Nein, da war ich schon."

Ein älterer Herr steigt in den Bus und zeigt seine Fahrkarte. Der Fahrer motzt: „Das ist doch eine Schülerkarte!" Da antwortet der Herr: „Da sehen Sie mal, wie lang ich hier schon warten muss!"

An einem Sommerabend ruft Dilara: „Hör mal, Emil, die Grillen!" Emil meint verwundert: „Ich rieche nichts!"

102 **Lisa ruft: „Ich gehe ins Tor!"**
Julian fragt: „Wer spielt mit?"
Marie sagt: „Ich muss heim."

Andere Wörter aus dem Wortfeld sagen sind auch möglich: überlegt, schreit, bedauert, meint ...

103 Philipp sagt: **„Leon, beeil dich!"**
Lea fragt: **„Ali, kannst du mir einen Stift leihen?"**
Papa ruft: **„Kommt alle zu Tisch!"**

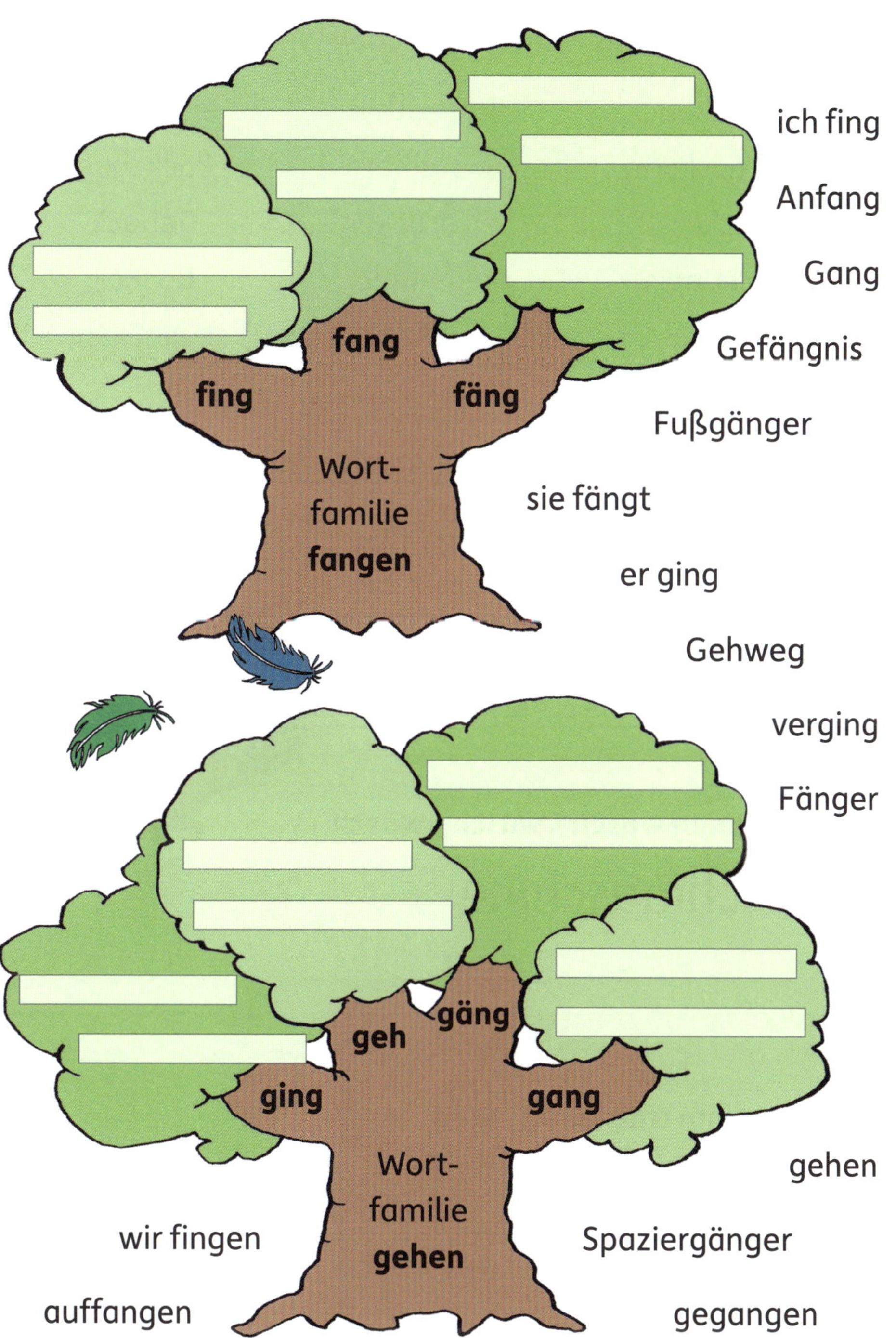
fang
fing
fäng
Wort-
familie
fangen
ich fing
Anfang
Gang
Gefängnis
Fußgänger
sie fängt
er ging
Gehweg
verging
Fänger
gäng
geh
ging
gang
Wort-
familie
gehen
gehen
wir fingen
Spaziergänger
auffangen
gegangen

55 Streiche weg, was nicht zur gleichen Wortfamilie gehört.

backen	Kieselstein	einpacken
Verpackung	versteinern	Päckchen
Bäckerei	Felsbrocken	Gepäck
Backpapier	Steinmauer	Bäcker
Gebäck	steinig	zupacken

56 Finde selbst noch weitere verwandte Wörter.

Wortstamm **flieg / flog / flug / flüg**

Flügel,

Hurra, ich kann **flieg**en, denn ich habe zwei **Flüg**el!

Wortstamm **wasch / wusch / wäsch**

Waschmaschine,

Wortstamm **trag / träg / trug**

Tragetasche,

Zwischentest: Wortfamilien

57 Was gehört nicht zur gleichen Wortfamilie? Streiche weg!

Maler Malblock ausmalen kunterbunt angemalt

Braunbär bräunen brummen rehbraun bräunlich

Zeitungsleser Zettel ich las leserlich Lies! leise

58 Finde jeweils ein weiteres Wort aus der Wortfamilie.
Beachte dabei die Wortart!

Nomen	Verb
Maler	
	tanzen
Pfiff	
	kochen

Adjektiv	Nomen
farbig	
	Größe
freundlich	
	Ecke

59 Unterstreiche immer **vier verwandte Wörter** mit **gleicher Farbe**. Zwei Wörter passen gar nicht und bleiben übrig.

Schnitzeljagd Bleistift schreiben

Kugelschreiber Beschreibung Verbot Jäger

Angebot verbieten Jagdhütte Bitte

geschrieben Darbietung verjagen

Zeitstufen der Verben

2. Vergangenheit (Perfekt)

Etwas, das schon **vorbei** ist,
beschreiben wir in der **Vergangenheit**.

Erzählen wir **mündlich** von vergangenen Ereignissen, wird **meistens die 2. Vergangenheit (Perfekt)** verwendet.

Die 2. Vergangenheit wird aus den **Hilfsverben (Hilfswörtern) sein** oder **haben** und einem **Verb** gebildet.

Ich **habe** gestern einen Kuchen **gebacken**.
Du **hast** schon zwei Stücke davon **gegessen**.

Max **ist ausgerutscht**, aber er **ist** gleich wieder **aufgestanden** und **hat gelacht**.

60 Bilde die 2. Vergangenheit zu **ich** und **er**.

fangen →	**ich habe gefangen**	**er hat gefangen**
laufen →	**ich bin**	**er ist**
tragen →	**ich habe**	**er**
rennen →	**ich**	**er**
holen →		
sagen →		
gehen →		

51 Jeder hat etwas anderes getan.

62 Ein tierisches Erlebnis! Lies, was Elias heute passiert.

Mittags **geht** Elias nach Hause, als ihm plötzlich ein Elefant den Weg **versperrt**. Das Tier **stampft** wütend. Da **hat** Elias eine Idee! Er **öffnet** seine Schultasche. Der Elefant **schnappt** sich eine Banane und **frisst** sie. Nun **wandert** Elias zum Zoo und der Elefant **trampelt** hinterher. Am Eingang **empfängt** sie der Direktor. Er **freut** sich und **schenkt** Elias eine Jahreskarte für den Zoo.

▸ Abends erzählt Elias seinen Eltern, was heute los war. Setze die Verben aus dem Text in die **2. Vergangenheit**.

Mittags bin ich nach Hause gegangen, als mir plötzlich ein Elefant den Weg ______ ______. Das Tier ______ wütend ______. Da ______ ich eine Idee ______! Ich ______ meine Schultasche ______. Der Elefant ______ sich eine Banane ______ und sie ______. Nun ______ ich zum Zoo ______ und der Elefant ______ hinterher ______. Am Eingang ______ uns der Direktor ______. Er ______ sich ______ und mir eine Jahreskarte für den Zoo ______.

1. Vergangenheit (Präteritum)

Wird **schriftlich** von etwas berichtet, das vergangen ist, stehen die Verben in der **1. Vergangenheit**. Die Formen der 1. Vergangenheit werden **meistens** mit dem **Wortstamm und der Endung -te / -test / -ten** gebildet.

Gegenwart	Vergangenheit
ich **spiel**e – wir **spiel**en	ich **spiel**te – wir **spiel**ten
ich **bau**e – wir **bau**en	ich **bau**te – wir **bau**ten

Bei einigen Verben (Tunwörtern) gibt es aber eine besondere Form, die du dir merken musst.

ich **les**e – wir **les**en	ich **las** – wir **las**en
ich **schreib**e – wir **schreib**en	ich **schrieb** – wir **schrieb**en
ich **will** – wir **woll**en	ich **woll**te – wir **woll**ten

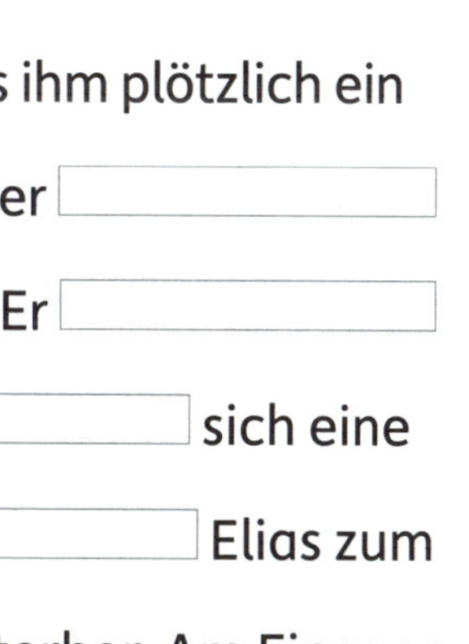

▸ Schreibe Elias' Geschichte in der **1. Vergangenheit** auf.

Mittags ______ Elias nach Hause, als ihm plötzlich ein Elefant den Weg ______. Das Tier ______ wütend. Da ______ Elias eine Idee! Er ______ seine Schultasche. Der Elefant ______ sich eine Banane und ______ sie. Nun ______ Elias zum Zoo und der Elefant ______ hinterher. Am Eingang ______ sie der Direktor. Er ______ sich und ______ Elias eine Jahreskarte für den Zoo.

63 Mit der Zeitmaschine in die 1. Vergangenheit.
Wie heißt es im Märchen?

Der König lacht.	→	Der König lachte.
Der Bauer rennt.	→	Der Bauer ______.
Ein Diener schreit.	→	Ein Diener ______.
Dornröschen schläft.	→	Dornröschen ______.
Rotkäppchen geht zur Großmutter.	→	Rotkäppchen ______ zur Großmutter.
Die Königin fragt den Spiegel.	→	Die Königin ______ den Spiegel.
Die Prinzessin zieht sich an.	→	Die Prinzessin ______ sich an.
Die Hexe reitet auf dem Besen.	→	Die Hexe ______ auf dem Besen.
Der Zauberer spricht einen Zauberspruch.	→	Der Zauberer ______ einen Zauberspruch.

54 Puzzle: Von der 2. Vergangenheit in die 1. Vergangenheit.

Schneide die Puzzleteile auf Seite 79 aus.
Ordne zu, was zusammengehört.

Das alles passierte auf Lisas Geburtstagsfeier:

Jeder hat ein Geschenk mit-gebracht.	Wir haben für Lisa ein Lied gesungen.	Wir haben Tee und Apfelsaft getrunken.
Wir haben eine Torte gegessen.	Wir haben lustige Spiele gespielt.	Wir haben einen Schatz gesucht.
Wir sind auf einen Baum geklettert.	Mario hat den Schatz gefunden.	Er hat einen Preis bekommen.
Alle sind zum See gegangen.	Wir sind geschwommen.	Das Fest hat viel Spaß gemacht.

Stimmt das Lösungsbild?
Dann klebe alle Puzzleteile auf!

65 Fülle die Tabellen fertig aus. Achte auf die Zeit und auf die Person des Pronomens (Fürworts)!

Gegenwart	1. Vergangenheit	2. Vergangenheit
ich brauche	ich **brauchte**	ich **habe gebraucht**
wir malen	wir	wir **haben** gemalt
er putzt	er	er **hat** geputzt
sie	sie bastelte	sie
es	es trocknete	es ist getrocknet
ihr hört	ihr	ihr
es	es	es hat geregnet
wir klopfen	wir	wir

Achtung: Diese Formen werden anders gebildet!

	ich sah	
		du bist gesprungen
sie schreibt		
er läuft		
		ich habe gesungen
	ihr gabt	
es riecht		
	sie trugen	

56 Übe auf deinem Block: Schreibe das Verb in der Gegenwart und der 1. und 2. Vergangenheit passend zum Pronomen (Fürwort) **er**.

~~sitzen~~, tragen, gewinnen, schreien, beginnen, biegen, treffen, schweigen, schimpfen, messen, verstehen

Schreibe so: er sitzt, er saß, er ist gesessen.

Zwischentest: 1. und 2. Vergangenheit

57 Verbinde alle Zeitstufen desselben Verbs.

68 Was hast du gestern Nachmittag um 15.30 Uhr gemacht?

▸ Trage in der **2. Vergangenheit** ein, was die Personen von sich erzählen.

✎ Laura saß in ihrem Zimmer.	→	Laura erzählt: „Ich **bin** in meinem Zimmer **gesessen**.“
✎ Paul spielte Tennis.	→	Paul sagt: „Ich habe ______ ______.“
✎ Emma übte rechnen.	→	Emma meint: „Ich ______ ______ ______.“
✎ Yasemin schrieb einen Brief.	→	Yasemin erzählt: „Ich ______ ______ ______ ______.“

Was taten Felix und Maja gestern? Schreibe auf!

▸ Bilde jetzt die **1. Vergangenheit**.

✎ Felix ______ im Tor und ______ den Ball.

„Ich bin im Tor gestanden und habe den Ball gehalten.“

✎ Maja ______ ihre Kette. Später ______ sie sie wieder.

„Ich habe meine Kette verloren. Später habe ich sie wieder gefunden.“

Satzarten und ihre Satzzeichen

Jede **Satzart** hat ein eigenes **Satzzeichen**:
. **Punkt** für den **Erzählsatz** oder **Aussagesatz**,
? **Fragezeichen** für den **Fragesatz** und
! **Ausrufezeichen** für den **Ausrufesatz**.

59 Ergänze die Satzzeichen.

Was besser passt, hängt oft von der **Betonung** ab, besonders bei . und ! Manchmal deuten besondere Wörter auf einen Ausruf hin, z.B. oh, hurra, sagenhaft, großartig, unvorstellbar, glaub mir, oh weh, igitt, auweia ...

Schreibe in die Kästen!

Kennst du alle Bäume ☐

Stell dir vor, weltweit gibt es tausende Arten ☐

Niemand kann sie alle mit ihrem Namen nennen ☐

Bäume sind die allergrößten Pflanzen der Erde ☐

Einige werden mehrere hundert Jahre alt ☐

Unglaublich, das schafft kein anderes Lebewesen ☐

Kennst du dich auch mit den Jahresringen aus ☐

Sie können viel über das Leben des Baumes erzählen ☐

Ihre Zahl sagt dir das Alter des Baumes ☐

Wann warst du das letzte Mal im Wald ☐

Oh, es ist so herrlich dort ☐

Aufforderungssätze

Ein besonderer Ausrufesatz ist der **Aufforderungssatz**. Jemand wird direkt angesprochen und aufgefordert, etwas **zu tun** oder etwas **nicht zu tun**:

Öffne die Tür! Lies vor! Geh weiter!
Gib nicht auf! Lass das! Hör auf zu schreien!

Ein Ausrufezeichen gibt einem Wunsch **besonderen Nachdruck**.

70 Ordne die Aufforderungen passend zu.

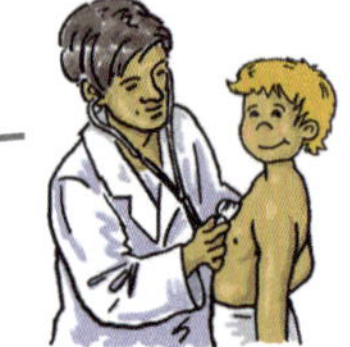

- Probier mal den Kuchen!
- Atme tief ein!
- Nun geh weiter und komm mit!
- Lasst uns raus!
- Bleib hier, Bello!
- Schlaft gut, liebe Kinder!
- Bringen Sie mir die Rechnung!

Zwischentest: Satzarten

71 Welches Satzzeichen gehört dazu?

Polly, der Papagei, will wissen, was du jetzt schon kannst ☐

Lies alle Aufgaben ganz genau ☐

Welche Frage kannst du ganz schnell beantworten ☐

72 Bilde passende Aufforderungssätze.

Leons Zimmer ist unordentlich. Er soll es aufräumen.

Bitte räum dein Zimmer auf!

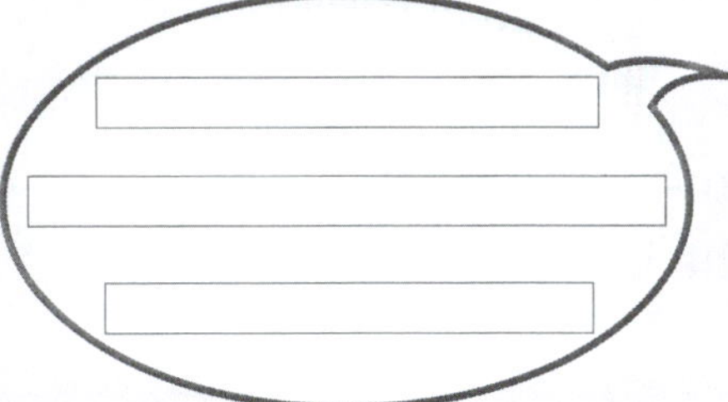

Der Zahnarzt muss deine Zähne untersuchen. Er bittet dich, den Mund zu öffnen.

Laura will, dass Mutter ihr ein Bonbon gibt.

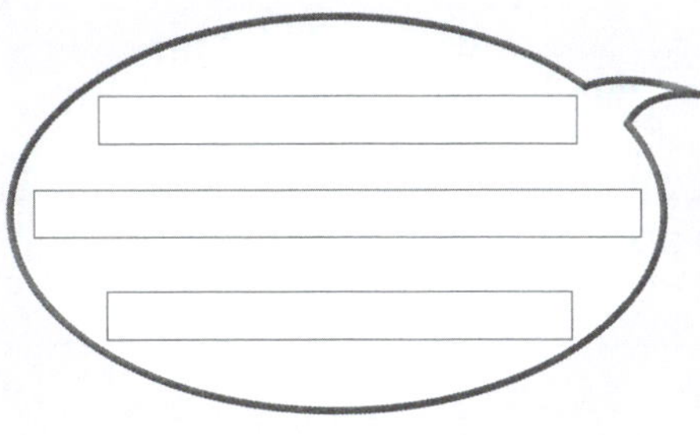

Alex kann in der Dunkelheit keinen Buchstaben mehr erkennen. Gib ihm einen Rat, der ihm hilft!

Satzglieder

Sätze werden aus **Satzgliedern** gebaut.
Ein Satzglied kann aus nur **einem Wort** oder auch aus **mehreren Wörtern** bestehen.

Du findest die einzelnen Satzglieder, wenn du versuchst, sie umzustellen! Die Betonung verändert sich.

	Ich	gehe	heute	mit Oma	in den Zoo.
umgestellt:	Heute	gehe	ich	mit Oma	in den Zoo.
oder	Mit Oma	gehe	ich	heute	in den Zoo.
oder	In den Zoo	gehe	ich	heute	mit Oma.
und als Frage:	Gehe	ich	heute	mit Oma	in den Zoo?

73 Füge die Satzglieder zu einem Aussagesatz und einem Fragesatz zusammen. Schreibe den Satzanfang groß!

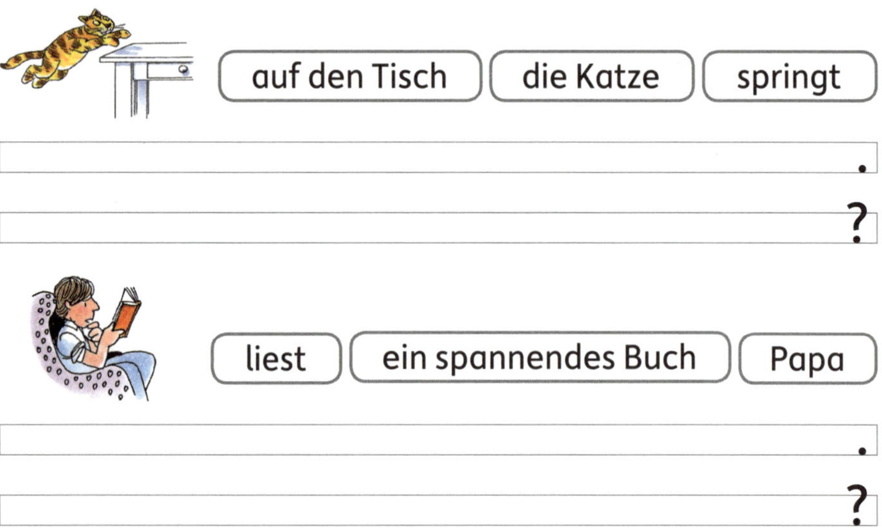

auf den Tisch | die Katze | springt

_______________________________________ .

_______________________________________ ?

liest | ein spannendes Buch | Papa

_______________________________________ .

_______________________________________ ?

Oma | eine Tasse Tee | trinkt

.

?

noch ein Tor | Kalle Kicker | schießt

.

?

mit Pfeffer | das Essen | würzt | Mama

.

?

74 Trenne die Satzglieder in den Schlangen mit Strichen.
Stelle dann jeden Satz zweimal um.

Eine Blume gibt Maja ihrer Mama.

Ihrer Mama

Elias und Paul | spielen jeden Montag Fußball.

Spielen

Jeden Montag

Kommt ihr am Wochenende zu mir zum Spielen?

Am Wochenende

Zu mir

Wenn du zu einem der Sätze noch weitere Möglichkeiten findest, darfst du noch mehr aufschreiben.

Zwischentest: Satzbau

75 Verbinde Satzglieder und Zeichen, die zusammenpassen.

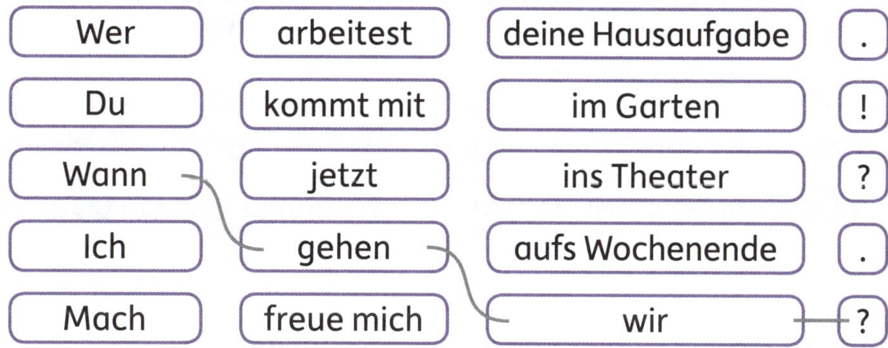

76 Stelle diesen Satz dreimal um.

Gestern hat Mia ihre Handschuhe verloren.

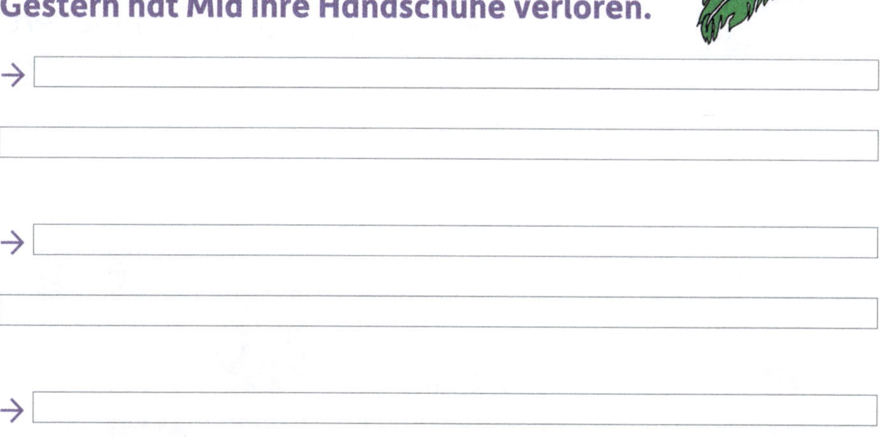

Es gibt sogar noch mehr Möglichkeiten!

Subjekt (Satzgegenstand)

Das **Subjekt (Satzgegenstand)** teilt mit, **wer** etwas tut. Mit der Frage: „**Wer oder was ...?**" kannst du ihn bestimmen. Es können ein oder mehrere Wörter sein.

Der kleine Hund bellt. → **Wer** bellt? Der kleine Hund.

Morgen kommt Oma zu uns. → **Wer** kommt zu uns? Oma.

Ein Licht leuchtet. → **Wer oder was** leuchtet? Ein Licht.

77 Verbinde das Subjekt passend mit dem Rest.

Mein Zahn	Eine Biene	Papa	Die Giraffe
summt.	hat einen langen Hals.	wackelt.	repariert das Auto.

78 Wer oder was tut es?
Schreibe das Subjekt dazu.

Die Ente schwimmt.
Wer oder was?

Der rollt ins Tor.
Wer oder was?

_______ blüht.
Wer oder was?

_______ klingelt.
Wer oder was?

_______ schmeckt mir gut!
Wer oder was?

Das **Subjekt** kann auch in der **Mehrzahl** stehen. Auch dann passt die Frage: **„Wer oder was ...?"**

Die Kinder spielen. → **Wer** spielt? Die Kinder.

Die Vögel fliegen. → **Wer oder was** fliegt? Die Vögel.

79 **Wer oder was ...?** Schreibe am Anfang auch die Frage dazu und unterstreiche in jedem Satz das Subjekt blau.

Tipp: Vergiss nicht **Artikel (Begleiter)** oder **Mengenangaben**!

Alex ist heute mit zwei Freunden im Zoo.

Wer oder was ist heute im Zoo?

Den Eintritt zahlt Mama.

Wer oder was ______________________________ ?

Die Sonne scheint.

______________________________ ?

Da brüllen die Löwen.

______________________________ ?

Die Fütterung beginnt um 15.00 Uhr.

Alle Zuschauer staunen.

Auch die Affen sind lustig.

Am Tor warten schon die Eltern.

Die Zeit verging heute schnell.

Oft ist das **Subjekt** auch ein **Pronomen (Fürwort)**.

Sie lachen. → **Wer** lacht? → Sie.

Wir üben. → **Wer** übt? → Wir.

In einem Satz kann auch **mehreres aufgezählt** werden, das zusammen die Frage **Wer oder was ...?** beantwortet. Der Satz hat dann ein **mehrteiliges Subjekt**.

Karotten, Salat und Tomaten wachsen im Garten. Aber Bananen, Ananas und Orangen gedeihen bei uns nicht.

Du und ich lernen zusammen. Wir üben fleißig.

80 Unterstreiche in beiden Sätzen das Subjekt blau.

Lukas wirft den Ball.	→ Er wirft den Ball.
Ella kann schön singen.	→ Sie kann schön singen.
Lea und Ben sind gute Freunde.	→ Sie sind gute Freunde.
Jana und du rennt um die Wette.	→ Ihr rennt um die Wette.
Unsere Familie macht Urlaub.	→ Wir machen Urlaub.
Meine Eltern arbeiten.	→ Sie arbeiten.

81 Erzähle von dir selbst. Unterstreiche die Subjekte.

Beispiel: Ich bin acht Jahre alt. Mein Vater heißt Michael.

32 Setze die Subjekte an der passenden Stelle ein.

~~Ein Hamster~~, er, du, ein Laufrad, Gemüse, der Nager, Reste, Das Futter

Ein Hamster braucht genug Platz im Käfig. Ihm gefällt ____________, denn ______ bewegt sich gern. ____________ sollte immer frisch sein. ____________ eignet sich gut. Aber auch Knabbereien mag ____________. ____________ müssen nach 24 Stunden entfernt werden. Regelmäßig solltest ______ den Käfig reinigen.

33 Unterstreiche alle Subjekte.

Einladung zum Sommerfest

Am Donnerstag ab 15.00 Uhr feiern alle Lehrer, Eltern und Kinder unser Sommerfest. Die Klassen haben Spiele und Tänze vorbereitet. Unsere Tombola wartet mit tollen Preisen! Am Büffet werden Salate, Kuchen, Würstchen und Getränke verkauft.

Die Schüler und das Team der Papageienschule freuen sich auf möglichst viele Besucher!

Prädikat (Satzaussage)

Das **Prädikat (Satzaussage)** gibt Antwort auf die Frage **„Was tut …?“** oder **„Was geschieht?“** und ist immer ein **Verb**.

Das Prädikat ist der wichtigste Teil des Satzes und wird auch Satzkern genannt.

Was tut Paul? Paul hüpft. **Was geschieht**? Es donnert.

84 Betrachte das Bild. Ergänze die Prädikate (Satzaussagen).

Das Baby krabbelt im Sand.

Der Junge ______ auf der Schaukel.

Das Mädchen ______ die Rutsche hinunter.

Die Zwillinge ______ auf der Wippe.

Der Hund ______ am Boden.

Die Katze ______ auf den Baum.

Eine Mutter ______ auf der Bank und ______.

85 Welche vier Prädikate könnten passen? Male sie an.

Das Glas …		
wackelt	tanzt	kippt um
bricht	lacht	zerspringt

Der Käfer …		
schlüpft	schreibt	fliegt
krabbelt	brummt	hustet

Das Auto …		
schreit	hupt	bremst
schläft	steht	quietscht

Die Maus …		
knabbert	fiept	frisst
schnüffelt	singt	fliegt

86 Unterstreiche in jedem Satz das Prädikat rot.

Um die Lösung zu finden, frage ich: „Was tut …?“

Jeder Papagei spielt gern. Natürlich fliegt er sehr gut. Er klettert aber auch ganz prima. Ohne Unterhaltung bekommt er schnell Langeweile. Das schadet ihm. Deshalb braucht ein Papagei viel Platz und Spielzeug. Er lebt auch nicht gern allein bei Menschen. Andere Artgenossen helfen ihm gegen die Einsamkeit. Diese Vögel erreichen ein Alter von bis zu 80 Jahren. Ein echter Tierfreund überlegt also sehr genau: Passt mein Zuhause zu einem Papagei?

Wenn im Satz die Form des **Verbs (Tunworts) zwei Teile** hat, sind dies **zweiteilige Prädikate**. Auch diese findest du mit der Frage **„Was tut …?"** oder **„Was geschieht?"**.

Was tut der Zug? Der Zug kommt an.

Was tut Mama? Mama will eine Suppe kochen.

Was hat Philipp **getan**? Philipp hat ein Lied gesungen.

87 Setze die Prädikate an der richtigen Stelle ein.

Lies genau und verwende die passende Form des Verbs.

ankommen, kennenlernen, ~~abfahren~~, einschlafen, zuteilen, auspacken, sich freuen, spazieren führen

Klassenfahrt zum Ponyhof!

Am Montag um 9 Uhr fährt der Bus mit der Klasse 3a ab. Nach einer Stunde ______ sie ______. In den Zimmern ______ die Kinder ihre Koffer ______. Nun ______ sie die Ponys ______. Die Lehrerin ______ jedem ein Pony für die ganze Woche ______. Die Kinder ______ die Ponys ______. Abends ______ alle glücklich ______ und ______ ______ auf den nächsten Tag und die erste Reitstunde.

Je nach Satzart steht das **Prädikat (Satzaussage)** an einer anderen **Stelle im Satz**.

Aussagesatz:	Du gibst dem Pony sein Futter.
Fragesatz:	Gibst du dem Pony sein Futter?
Aufforderungssatz:	Gib dem Pony sein Futter!

38 Unterstreiche das Prädikat rot!

Die Kinder reiten in einer Reihe.

Reiten ______________________________ ?

Bis zum Abendessen kommen wir wieder.

______________________________ ?

Im Stall helfen alle noch mit.

______________________________ ?

Danach essen wir gemeinsam.

______________________________ ?

Morgen fahren wir nach Hause.

______________________________ ?

89 ▸ Bilde kurze Sätze aus zwei Satzgliedern. Unterstreiche das Subjekt (Satzgegenstand) blau und das Prädikat rot.

~~ich~~	helfen	Ich überlege.
Freunde	esst	
wir	~~überlege~~	
ihr	reiten	
du	läuft	
Leyla	denkst nach	

▸ Verlängere die Sätze. Schreibe sie auf den Block!

▸ Ich überlege mir eine Aufgabe für dich.

90 Kürze die Sätze bis auf Subjekt und Prädikat. Dann male an: **Subjekte blau**, **Prädikate rot**.

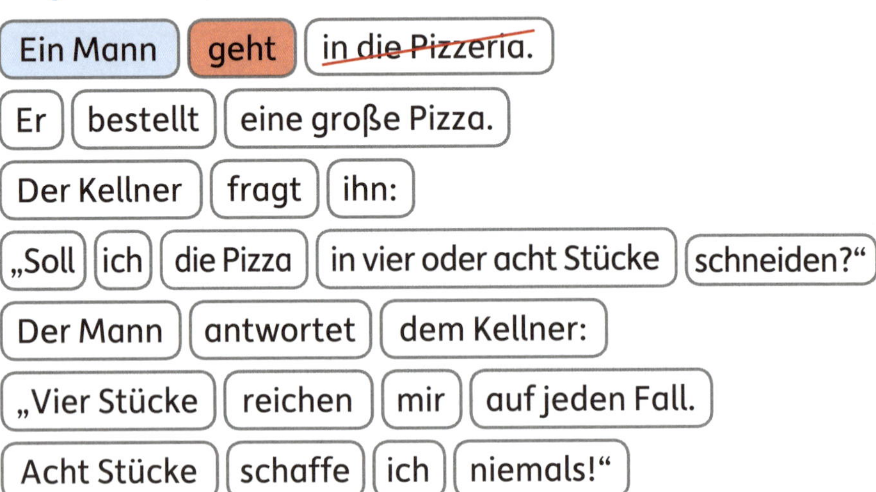

Zwischentest: Subjekt und Prädikat

91 ▸ Ordne die Satzglieder zu einem passenden Satz.
Beachte: Schreibe den Satzanfang immer groß.

1	ihrem Vater		Sofia	ruft … zu		aufgeregt
2	ich	heute	hatte	meine erste Reitstunde		
3	ich	dir	gleich	davon	soll … erzählen	
4	du	sonst	es	morgen	liest	in der Zeitung

1. Sofia ruft

:

2. „

!

3.

?

4.

!“

▸ Unterstreiche oben: Subjekt blau, Prädikat rot.

92 Unterstreiche alle zweiteiligen Prädikate rot.

Daniel und Emma packen ihre Brotzeit ein.

Sie ziehen ihre Jacken an und steigen in den Bus ein.

Heute wird er die ganze Klasse ins Schullandheim bringen.

Zeitangaben

Zeitangaben sagen aus, **wann** oder **wie oft** oder **wie lange** etwas geschieht oder geschehen ist.

wann: um 12 Uhr – gestern– montags – morgens – nächste Woche – vor drei Tagen – in einem Jahr …

wie oft: jeden Tag /täglich – drei Mal – alle 10 Minuten …

wie lange: für eine Woche – bis zum Ende des Jahres – fünf Minuten – zwei Jahre lang – seit drei Stunden …

93 Welche Zeitangabe passt dazu? Verbinde!

Lies zuerst die rechte Spalte!

bis sieben Uhr ●	● aus dem Urlaub zurückkommen
seit drei Jahren ●	● im Bett liegen bleiben
bis zum Winter ●	● im Flugzeug sitzen
nach zwei Wochen ●	● auf Weihnachten warten
vier Stunden lang ●	● in die Schule gehen

94 Was sind keine Zeitangaben? Streiche durch!

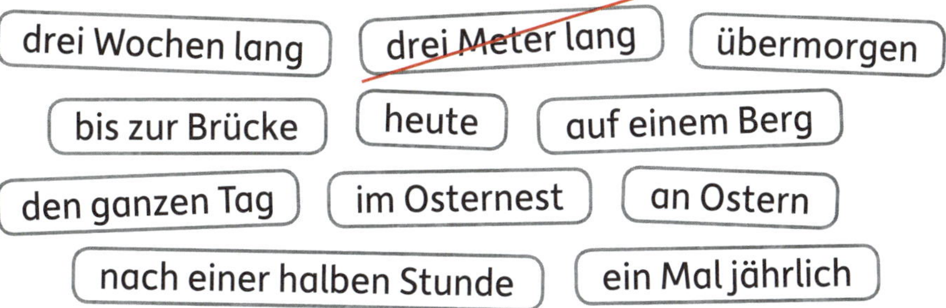
drei Wochen lang | ~~drei Meter lang~~ | übermorgen
bis zur Brücke | heute | auf einem Berg
den ganzen Tag | im Osternest | an Ostern
nach einer halben Stunde | ein Mal jährlich

95 Male alle **Zeitangaben** in diesem Text an. 

Annika	fährt	**täglich**	mit dem Bus	zur Schule.	Aber	
heute	zum Glück	nicht,	denn	am Wochenende		
ist	schulfrei	und	alle Kinder	bleiben	zwei Tage lang	
zu Hause.	Erst übermorgen	müssen	sie			
wieder pünktlich um 7.30 Uhr	an der Haltestelle	sein.				
Die nächsten Ferien	sind	erst in drei Wochen.	Annika			
wird	jeden Morgen	mindestens bis 9 Uhr				
ausschlafen	und	danach	den ganzen Tag			
nur Dinge	tun,	die	ihr	stundenlang	Spaß	machen!
Was	hast	du	in den Ferien	vor?		

96 Es wird immer häufiger: Ordne und nummeriere!

☐ meistens ☐ selten ☐ oft

☐ immer 1 nie ☐ manchmal

97 Setze die Zeitangaben passend ein.

manchmal, ~~ständig~~, später, andauernd
~~selten~~, nie, endlich, meistens

Im Sommer könnte ich [ständig] Eis essen,
aber im Winter habe ich [selten] Lust darauf.

Wenn der Bus etwas ______ kommt,
habe ich das Gefühl, er kommt ______!

Ich verstehe ______ gleich, was die Lehrerin
erklärt, aber ______ muss ich nachfragen.

Hör ______ auf mit diesen Grimassen,
sonst muss ich ______ lachen!

98 Verbinde die Wörter mit ihrer zeitlichen Bedeutung.

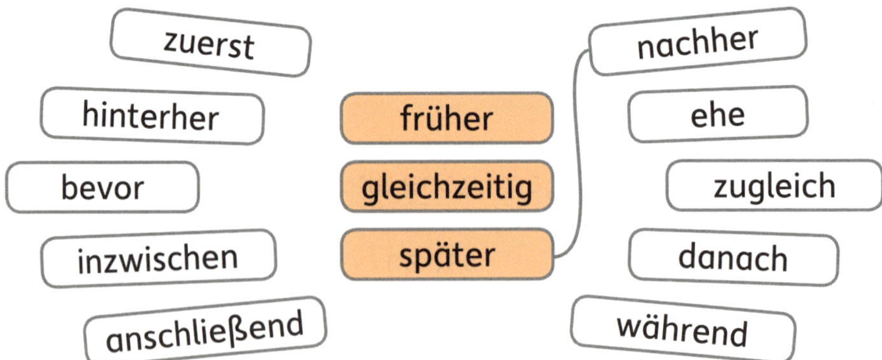

Zwischentest: Zeitangaben

99 Unterstreiche alle Zeitangaben orange.

Felix ist aufgeregt, weil am Nachmittag sein Cousin Linus kommt. Sie sehen sich zwar fast jede Woche, aber heute bauen sie ein Baumhaus! Seit 3 Monaten haben sie täglich Bretter gesucht, damit es jetzt losgehen kann. Das Bauwerk wird toll! Am Wochenende dürfen sie sogar darin übernachten! Darauf freuen sie sich schon wochenlang, denn das haben beide noch nie gemacht.

00 Ordne die Zeitangaben in der passenden Reihenfolge.

▸ Wann?

	vor einer Ewigkeit	6	jetzt		in einem Monat
	gestern			7	heute Abend
	vor ein paar Wochen				nach hundert Jahren
1	noch nie				übermorgen
	letztes Jahr				nächste Woche

▸ Wie lange?

1	eine Sekunde		fünf Minuten		ewig
	viele Wochen		jahrelang		12 Stunden

Wörtliche Rede

Die **wörtliche Rede** zeigt an, dass **jemand spricht**.
Der dazu gehörende **Redebegleitsatz** sagt, **wer** spricht.
Bei einem vorangestellten Redebegleitsatz brauchen wir für die wörtliche Rede einen Doppelpunkt (:) und Anführungszeichen („ ... “).

Annika fragt: „Was gibt es heute zum Mittagessen?“
Mutter antwortet: „Ich habe Spagetti gekocht.“

Wenn einer spricht,
dann höre ich zu und schreibe
alle Zeichen dazu: : – „ – “.

101 Setze ein: : – „ – “

Zwei Hellseher treffen sich.
Der eine fragt ☐ ☐ Kommst du mit? ☐
Darauf sagt der andere ☐
☐ Nein, da war ich schon. ☐

Ein älterer Herr steigt in den Bus
und zeigt seine Fahrkarte.
Der Fahrer motzt ☐ ☐ Das ist doch eine Schülerkarte! ☐
Da antwortet der Herr ☐ ☐ Da sehen Sie mal,
wie lang ich hier schon warten muss! ☐

An einem Sommerabend ruft Dilara ☐
☐ Hör mal, Emil, die Grillen! ☐
Emil meint verwundert ☐ ☐ Ich rieche nichts! ☐

02 Schreibe die **wörtliche Rede**, alle **Satzzeichen** und den **Begleitsatz**. Dabei helfen die Wörter von Aufgabe **26/27**.

Tim schlägt vor : „ Lasst uns Fußball spielen ! “

Lisa

Julian

Marie

03 Schreibe die **wörtliche Rede** auf.
Denke dabei an die **Satzzeichen** und die **Redezeichen**!

Philipp will, dass Leon sich beeilt.

Philipp sagt : „ !“

Lea hat keinen Stift dabei. Sie bittet Ali, ihr einen zu leihen.

Lea fragt

Das Essen ist fertig. Alle sollen zu Tisch kommen.

Papa ruft

Hier findest du noch einmal alle wichtigen Themen und Begriffe im Überblick!

Nomen (Namenwörter)

- sind **Namen** für
  - Menschen, Tiere, Pflanzen, Dinge
  - Gedanken, Gefühle, Ereignisse, Zustände ...
- haben einen **Artikel (Begleiter)**: der, die, das, ein, eine ... und meistens eine **Mehrzahl**: das Kind, die Kinder.
- haben manchmal besondere **Nachsilben**: -ung, - heit, -keit, -nis, -schaft ...: Erfahrung, Freiheit, Erlebnis.

Pronomen (Fürwörter)

- **ersetzen** oder **begleiten** Nomen: Hannes lacht. **Er** lacht. Das ist **mein** Bruder.
- **persönliche Fürwörter**: ich, du, er, sie, es, wir, ihr, sie/mich, dich, ihn ... **besitzanzeigende Fürwörter**: mein, dein, ihr, sein, euer, unser ...

Verben (Tunwörter)

- sagen aus, was jemand oder etwas **tut** oder **was geschieht**.
- haben verschiedene **Zeitstufen** (z. B. Gegenwart, 1. und 2. Vergangenheit): ich male, ich malte, ich habe gemalt.
- In der **Grundform** steht kein Pronomen (Fürwort) dabei. Sie endet auf **-en** oder **-n**: gehen, wandern, radeln.

Adjektive (Wiewörter)

- beantworten die Frage: **Wie ist es? Wie ist jemand?**
- passen sich **an Nomen (Namenwort) und Artikel (Begleiter)** an: das rote Haus, ein rotes Hemd, ein roter Bus, die roten Rosen ...
- haben oft ein **Gegenteil**: hoch – tief, groß – klein ...
- können **Nachsilben** haben: -lich, -ig, -isch,-sam, -bar, -haft.

Vorsilben und Nachsilben

- sind **Wortbausteine**,
  - die vorne oder hinten an andere Wörter angehängt werden können.
  - Manche können nie alleine stehen: ent-, zer-, ver- ...
- **verändern**
  - die **Bedeutung**: **an**ziehen, **um**ziehen, **ent**ziehen ...
  - die **Wortart**: trinken – **Ge**tränk, Wind – wind**ig**.

Wortfamilie und Wortstamm

- Wortfamilien umfassen Wörter, die miteinander **verwandt** sind: finden, Finderlohn, Erfindung, gefunden, Fundbüro, ich fände gut ...
- Wortfamilien haben einen **gleichen** oder einen **ähnlichen Wortstamm**, hier: -find- / -fund- / -fänd-

Wortfeld

- besteht aus Wörtern mit einem **ähnlichen Sinn**: schreiben, notieren, aufschreiben, kritzeln, schmieren ...

Prädikat (Satzaussage)

- **Was tut ...?/Was geschieht?** → nur **Verben** (Tunwörter)
- wichtigster Teil im Satz: Kein Satz ist vollständig ohne Prädikat! Ich **laufe** zum Sportplatz. Wir **spielen** ein Spiel.
- Das Prädikat kann auch zweiteilig sein: Ich **lese** ein Buch **vor**.

Subjekt (Satzgegenstand)

- **Wer oder was ...?** → Es ist immer ein **Nomen oder Pronomen** dabei. **Der Vogel** fliegt. **Er** baut ein Nest. **Die Sonne** scheint.
- braucht jeder Satz, außer Befehle und Aufforderungen: Komm her! Setz dich doch! Bleib noch länger hier!

Zeitangaben

- **Wann?** heute, in 2 Stunden, letztes Jahr, morgen ...
- **Wie oft?** 3 Mal, jede Woche, täglich, häufig, selten ...
- **Wie lange?** 5 Minuten lang, eine Weile, kurz, ewig ...

Hier Puzzle ausschneiden!

zu 40

zu 64

Abfall	Unfall	Absicht	Gefahr
Unglück	Versehen	Vorhang	Zufall

Wir sangen ...	Wir tranken ...	Mario fand ...
Alle gingen ...	Er bekam ...	Wir aßen ...
Wir kletterten ...	Wir suchten ...	Das Fest machte ...
Wir schwammen ...	Jeder brachte ...	Wir spielten ...